VENDEM-SE CORAÇÕES DESPEDAÇADOS

seis histórias de

AGUINALDO SILVA

Capa:

Frederico Lopes Assunção

Produção editorial:

Stephen Hoffman Batista

CASA AGUINALDO SILVA DE ARTES

Rua Major Sertório 476 – 01222-000 São Paulo - SP

Telefone: (11)957867307

http://casadeartes.art.br/

BRINCANDO DE ESCREVER

Corria o ano de 1959 no Recife e eu tinha 15 anos quando conheci um jornalista chamado Newton Farias e lhe contei, numa das nossas conversas, que brincava de escrever. Ele me disse: "então me mostre seus brinquedos". Assim o fiz: entreguei a ele os originais de um livro que eu tinha "brincado de escrever" aos quatorze anos. Chamava-se "Redenção para Job. O jornalista o leu e, uma semana depois, me falou: "você não brinca apenas de escrever. Você escreve. É um escritor".

Acreditei nele, mandei os originais do livro para uma editora no Rio e, menos de dez dias depois, recebi um telegrama de Fernando Sabino, o editor, dizendo que iria publicá-lo - o que de fato aconteceu, com um grande estardalhaço, por causa da pouca idade do autor.

Newton Farias tornou-se um grande amigo meu. Mas nossa amizade não durou muito, pois em abril de 1964 ele se matou com um tiro no peito depois que a polícia da ditadura invadiu sua casa e levou seus milhares de livros que, para ele, tinham mais valor que sua própria vida

Quanto a mim, apesar de muitos sofrimentos, resisti. Sessenta anos depois, continuo aqui, brincando de escrever. E lhes mostro, nessa coletânea de histórias, mais alguns dos meus brinquedos.

(o autor)

CANÇÃO DE BERNADETE

Ou...

Como a cearense Bernie Piters tornou-se uma das mulheres mais notórias de Paris, depois de vagar durante anos pelo Nordeste do Brasil trabalhando de puteiro em puteiro.

Minha amiga Bernie Piters não se deixa fotografar sob nenhuma hipótese. Nem mesmo a mim, que a conheço há quinze anos e me considero seu íntimo, ela permite "que lhe batam uma chapa" - como diz em francês no seu perfeito sotaque cearense -. Nas raras vezes em que consegui inclui-la num flagrante feito de forma casual ela ordenou que o apagasse. E fez questão de verificar no meu celular se eu tinha mesmo obedecido à sua ordem. Numa festa ou numa reunião de amigos, sempre que alguém a chama para fazer uma selfie ou alguma coisa do gênero ela se nega com veemência - diz que "agora não, talvez num outro dia, pois precisa ir ao banheiro". Ou então aproveita para repetir o que as **cholas** nascidas nas montanhas bolivianas acham dessa "mania esquisita de tirar retratos":

"Sempre que um turista tenta fotografá-las elas o amaldiçoam aos brados e o afugentam a pedradas. Segundo elas, o que os forasteiros querem é aprisionar suas pobres almas para sempre dentro de suas máquinas fotográficas".

Não sei se as **cholas** bolivianas acreditam mesmo nessa teoria que, segundo Bernie, defendem com tanta fúria. Mas tenho certeza de que minha amiga, embora a cite com fervor sempre que tentam fotografá-la, não dá um tostão furado por ela. Pois certa vez, numa de nossas noites regadas a muito gin (antes da vodka e do conhaque), ela deixou escapar o verdadeiro motivo pelo qual não deixava que lhe tirassem retratos: temia que, por conta de algum deles que por acaso chegasse lá em Quixeramobim, no Ceará mais profundo, sua família acabasse descobrindo que numa época não muito remota de sua vida ela exercera a profissão de puta.

Claro que essa preocupação de Bernie com a opinião da família sobre sua vida pregressa não faz sentido. Afinal, ela desligou-se dos parentes e afins aos quinze anos, no dia em que, ainda como Bernadete Maria da Conceição, saiu de Quixeramobim num caminhão pau-de-arara. Levava consigo apenas a roupa do corpo, as alpercatas rotas e encardidas e um laço de fita azul no cabelo encaracolado, além de uma trouxa com alguns panos de bunda. Seu destino era o Rio de Janeiro. Mas no terceiro dia da exaustiva viagem ela não resistiu ao cansaço. Adormeceu no ombro do passageiro que viajava ao seu lado - um homem com cara de cigano a quem nunca vira antes. E quando acordou - desculpem se lhes parece absurdo, mas é assim que ela conta - estava em Paris, rodando bolsinha numa das ruas do entorno mal afamado da Praça Pigalle.

Naquele momento, diz ela, tinha exatos dezesseis anos. Ou seja, existe em sua vida um apagão misterioso de pelo menos doze meses. E desde então Deus sabe quantas décadas se passaram. Aos meus olhos impiedosos ela já deve ter chegado aos 50 anos. Mas Bernie diz ter 35. E como prova mostra o passaporte francês no qual aparece como Bernadete Piters. Seu marido, ou amante, ou namorado ou financiador - não sei qual dessas possibilidades -, um russo chamado Dimitri Stepanov, que se dedica a negócios em geral escusos, é definitivo quando fala sobre a idade dela: diz que "sua linda está perto dos trinta, pra mais ou pra menos". Eu finjo que acredito no que ele diz e sigo adiante. Mas faço isso apenas para ser bem educado e evitar maiores discussões com Dimitri, pois ele, como todo russo, é homofóbico daqueles que considera um dever moral esquartejar do modo mais cruel todos os veados.

O brutal Dimitri é um homem capaz de demonstrar uma extrema ternura com "sua linda". Mas também é dado a fúrias ainda maiores quando os dois brigam - quer dizer, se atracam como verdadeiros campeões de luta livre. Nessas refregas Bernie em geral é derrotada. Certa vez até quebrou dois dedos da mão direita ao tentar dar um soco no nariz de Dimitri e lhe acertar apenas os dentes dignos de um cavalo. Mas ela não se rende sem antes infringir ao seu adversário sérios golpes em geral nos chamados “países baixos”.

Do golpe maior de todos eu mesmo fui testemunha, pois durante aquilo que ela batizou de "a mãe de todas as brigas" estava hospedado no apartamento deles ali atrás da Torre Eiffel. Após brigarem, foram duas semanas em que, indiferente aos pedidos de perdão do cada vez mais desesperado Dimitri - ele se orgulha de nunca ter dormido "sem dar uma" desde os quinze anos -, ela não lhe bateu sequer uma punheta. E esse castigo só terminou no dia em que ele a ameaçou com uma sessão pública de adultério:

"Vou arranjar uma nepalesa e só paro de trepar com ela debaixo da pirâmide do Louvre quando nos prenderem por atentado aos bons costumes!" - ele ameaçou.

Entre os russos, pelo menos os refugiados em Paris, as mulheres do Nepal são muito apreciadas. Porque, não me perguntem: não sou especialista nesse tipo de assuntos. Mas o fato é que, diante da ameaça de invasão nepalesa, Bernie achou melhor não pagar para ver. E só depois de lhe dizer que nascera para ser qualquer coisa na vida, "menos chifruda", arrastou Dimitri pelos cabelos para o quarto e o jogou na cama, onde lhe aplicou de uma só vez variados tipos do que ela chama de suas especialíssimas *chaves de coxa.*

Ah, minha amiga Bernie Piters...

Minha ligação com ela começou da maneira mais insólita. Um belo dia eu seguia trotando pelo Jardim das Tulherias quando tropecei numa pedra escondida em meio às **feuilles mortes** tombadas pelo outono. Caí feito uma jaca madura e fiquei lá no chão desnorteado. Em poucos instantes uma pequena multidão de curiosos se juntou em torno de mim. E como eu, cheio de dores, emitisse alguns gemidos em minha língua pátria, do meio deles uma voz comentou em português com sotaque nordestino: "acho que é brasileiro". E foi aí que Bernie disse no menos castiço de todos os franceses (traduzo): "claro que não! Eu o conheço há anos e sei que é italiano... De Gênova". Ao ouvir isso o brasileiro que tinha feito o tal comentário perdeu o interesse pelo meu possível infortúnio e, junto com os demais conterrâneos, foi embora.

A essa altura eu já conseguira ficar de joelhos, mas continuava zonzo. Bernie se aproximou de mim e perguntou: "pode se levantar?" Mesmo sem muita certeza respondi que sim. Ela me segurou pelos sovacos e me ergueu com a facilidade de um pugilista ou uma grua. E assim ficamos frente a frente e de olhos nos olhos. E então ela me disse:

"Não fique envergonhado, meu bem. Foi só uma quedinha de nada. E se existe uma coisa sobre a qual tenho certeza é de que um dia todos cairemos e nunca mais levantaremos. Mas sua vez ainda não foi essa de agora".

Ao me ver já de pé sem maiores sequelas, além da tonteira e da perda de minha dignidade, os outros curiosos foram embora. Mas Bernie ficou. Soltou meus sovacos aos poucos, esperou que eu recuperasse o equilíbrio e a vergonha e então me convidou para tomar um café. Apontei com o dedo um que ficava perto, mas ela disse que ali não, e explicou porquê: "tem lá um garçom que me detesta e reza todos os dias para que eu morra."

Na hora, ainda zonzo, não me dei conta do peso dessa frase. Mesmo assim não insisti e fomos parar num café mais distante. Depois soube que o tal garçom ao qual Bernie evitava fora seu cafetão durante dois anos e saíra da relação com uma cicatriz no rosto que ela lhe deixara de lembrança.

Nesses anos todos de amizade tentei descobrir de que modo ela saíra de Quixeramobim e fora pousar em Paris sem nenhuma parada intermediária. Mas Bernie insistiu sempre na mesma história: numa estrada poeirenta do sertão nordestino, em cima de um pau-de-arara, pousara a cabeça no ombro de um cigano e, quando acordara, etc., etc.. Nem mesmo nos nossos momentos de maior bebedeira, quando acabávamos adormecendo embolados em sua cama - com Dimitri, completamente nu ali do lado, a roncar feito um porco albino e pentelhudo – consegui arrancar dela uma pluma a mais de informação que fosse sobre aquela sua longa viagem. E de tanto ouvir a mesma história acabei acreditando nela, mesmo que me parecesse completamente absurda.

Mas antes disso, embora me envergonhe agora de dizê-lo por causa de nossa grande amizade, fui atrás de uma pista qualquer da verdadeira trajetória de Bernie. E isso incluiu algumas conversas com o tal garçom a quem batizei de Scarface. Junto a ele consegui certo êxito. Em troca de muitos euros e alguns carinhos que ele apreciava, o safado me disse como conheceu Bernie e como se tornou seu duplo de protetor e explorador durante dois anos.

Tudo começou num hotelzinho sórdido na rue du Canadá no qual então ele ocupava um quarto. Tinha chegado do trabalho suado e fedido. Mas, como em geral ocorre com os franceses, nem pensara em tomar banho: imagina! Apenas se jogara na cama que dividia com uma aldeia inteira de pulgas. E estava lá a contar o dinheiro das gorjetas quando ouviu a voz de mulher dizer num francês cheio de acentos cantantes e estranhíssimos:

"Vite, cheri, a la douche!"

Na mesma hora ele pensou: "quem é essa louca que se atreve a mandar um francês se lavar antes da trepada? A gente não se lava nem depois!" E então ouviu o estalo - a resposta do **cheri** à invocação da mulher foi uma bofetada. Ela gritou numa algaravia que ele não entendeu. Mas eu, que a essa altura já conhecia Bernie o bastante, adivinhei com certa precisão o que ela deve ter dito:

"Em cara que papai beijou nenhum mineteiro francês mete a mão!"

A isso seguiu-se uma sessão de pugilato na qual o garçom, ao perceber que ela estava em desvantagem, decidiu intervir. Saiu de cuecas sujas do seu quarto, derrubou com um pontapé a porta do quarto vizinho, botou o seu conterrâneo para correr ainda com as roupas na mão e disse a Bernie, cujo olho já começara a ficar roxo: "eu te protejo e você me dá metade de tudo que fizer na rua".

Ela não aceitou de cara, é lógico. Os dois discutiram percentagens e só se acertaram depois que ele se certificou na cama que, sim, ela podia ser rentável: Bernie ficou com sessenta por cento e durante dois anos o garçom, que atendia pelo prosaico nome de Jean-Pierre teve uma ótima vida.

A certa altura Jean-Pierre pensou que eu poderia lhe proporcionar, em termos monetários, os mesmos ganhos que obtivera de Bernie. E em troca de mais informações sobre minha amiga (e alguma diversão, é claro) continuei a rechear a carteira dele de euros. Mas, por não saber nada a respeito, ele nunca me deu a informação pela qual eu ansiava, ou seja: como Bernadete Maria da Conceição saíra de Quixeramobim e fora parar em Pigalle onde se dedicara ao taca-taca, ou seja, à putaria paga.

Claro, Jean-Pierre tinha sua própria teoria. Para ele, o tal sujeito com cara de cigano devia ser romeno. Como ele fora parar no alto sertão do Ceará não era difícil de supor. Aqui vale a pena lembrar que os ciganos, nesta galáxia mutante em que vivemos, são eternos viajantes. De algum modo, depois que ela passara a confiar nele a ponto de dormir em seu ombro, ele a mantivera dopada e, passo a passo, a levara sabe-se lá como até Paris, onde passou a explorá-la. "E como foi que isso acabou?" - eu lhe perguntei, duvidando dessa história tão bizarra. Jean-Pierre, depois de alisar com um ar pensativo a cicatriz que Bernie um dia lhe fizera no rosto, respondeu:

"Acho que ela matou o cara". Ao perceber meu ar de absoluta descrença quanto a isso, acrescentou: "você não faz ideia do quanto aquela mulher é má e pode ser perigosa".

Embora a cicatriz no rosto de Jean-Pierre fosse uma prova do quanto Bernie era capaz, continuei descrente de sua presuntiva maldade. A essa altura já estava envolvido o bastante com ela para saber, primeiro, que tinha um coração enorme. E segundo, que podia magoar e ferir em resposta aos agravos de que fora vítima, mas jamais tiraria a vida de um ser humano. Tanto que, mesmo depois de ser marcado por ela com uma cicatriz na cara Jean-Pierre não conseguia esconder o despeito por tê-la perdido. Chegou a pensar em ir até ela e propor uma reconciliação em novos termos. Mas foi vencido pelo orgulho. Por isso nunca mais a procurou, nem foi atrás dela nas poucas vezes em que a viu rodando bolsinha na rua. Com o tempo desistiu dela de uma vez por todas. Quanto a esquecê-la, certa vez, quando lhe perguntei sobre isso após fazermos todo tipo de intimidades na cama, ele respondeu - e acreditei que estava sendo sincero:

"Nunca!"

E assim os anos passaram, Jean-Pierre conheceu num vagão do metrô uma muçulmana moradora de Porte de Guillancourt com quem casou e teve dois filhos. A Bernie que ele conheceu deixou de existir ou, pelo menos, se transformou em outra. E quanto a nós, como nosso conhecimento se baseara no interesse puro e simples de ambas as partes, também nos afastamos. E após ele deixar o emprego no tal café e ir parar Deus sabe onde nunca mais nos vimos, exceto nas duas ocasiões em que... Não, vou deixar para falar sobre nossos reencontros mais adiante.

Desde que caí em plenas Tulherias e ela me levantou, minha amizade com Bernie só fez crescer. E nunca mais saí de sua vida, mesmo que, por causa disso, Dimitri Stepanov algumas vezes tenha me tratado com certa hostilidade. Quando a conheci o russo ainda não cruzara o caminho de Bernie e ela recebia em casa, com a maior discrição possível, um certo político que, segundo ela, um dia seria Presidente da República francesa... E não é que foi? Mas como ela o chamava carinhosamente de "o Baixinho", era assim que eu também o chamava. E como sou discreto, faz de conta que nunca soube do seu verdadeiro nome.

Nessa época Bernie já morava no apartamento atrás da Torre Eiffel, que segundo ela lhe fora ofertado pelo embaixador de uma certa nação latino-americana em que se fala português, ao qual fizera muitos favores. O cidadão gostava de "garotos", palavra que Bernie usava delicadamente para não ter que dizer "homens", ou pior ainda: “bofes”. Só que estes garotos não eram para seu desfrute, e sim de sua esposa, já que ele a desejava de um modo muito especial - gostava de vê-la em ação com outros homens. Praticante de alguns vícios, mas sem deixar de encarar com respeito muitas virtudes, durante alguns anos Bernie lhe proporcionou este prazer com muita eficiência. Tanto que acabou sendo recompensada com o belo apartamento de quatrocentos metros quadrados quando o embaixador e sua insaciável esposa foram transferidos pelo Itamarati para um posto daqueles bem alhures, ou seja, alguma coisa como Timbuktu, Bangcoc ou o raio que o parta.

"Não fica bem para uma mulher recusar o presente de um cavalheiro legítimo" - foi o que ela me disse, a olhar as paredes cheias de quadros valiosos, depois de me contar como ganhara o apartamento. A essa altura o Baixinho já assumira seu lado político e deixara o sexual de lado – segundo a lenda, os políticos vão perdendo o ímpeto sexual à medida em que progridem na carreira... Até que chegam ao auge e então se tornam brochas. E Bernie, em busca de algum novo senhor que a ajudasse, um dia deu de cara com Dimitri Stepanov. Como havia outros candidatos, aquele russo brutamontes não teria sido sua primeira escolha. Mas o russo, impetuoso como era, não permitiu que ela lhe dissesse um não, pois a escolheu antes.

Nos primeiros meses de convivência com Dimitri, Bernie sofreu muito. O russo, como ela me disse numa das vezes em que a visitei durante esse período de grande turbulência, "não passava de um urso branco de pentelhos ruivos, um gorila selvagem do Congo mais profundo, um grosso". Foi ao ouvir esta última palavra do seu desabafo que tive a ideia e a sugeri: "se ele é grosso, por que você não o refina?" Bernie não disse nem que sim, nem que não, mas percebi que ali mesmo já começou a pensar a respeito. E num dia em que tudo correu da melhor maneira possível na cama, ela propôs ao amante um curso intensivo de boas maneiras.

Primeiro Dimitri recusou indignado. No ambiente em que ele trafegava a grosseria, assim como a flatulência, era elemento indispensável. E se abrisse mão dela logo diriam que não era mais suficientemente macho.

"O que eu faço?" – ela me perguntou na minha próxima visita. E eu lhe respondi na bucha: "leva ele na Louis Vuitton e lhe compra um sobretudo e um par de sapatos". Foi aí que os olhinhos dela brilharam. "Você é um gênio!" – proclamou. E, de tão entusiasmada, tascou-me dois beijos na boca e ainda quis dar um terceiro, agora de língua, mas eu lhe disse: "chega!" Pois de vez em quando era preciso pôr um freio em Bernie antes que seu pansexualismo se manifestasse de maneira incontrolável.

Dimitri calçava quarenta e quatro, quase tantos números quanto eram os do tamanho do seu pau, segundo ela. E eu, que muitas vezes dormira com eles na mesma cama com o sujeito a roncar feito um trem desgovernado, pude confirmar isso. Pois ele às vezes ficava excitado durante o sono e, sem sequer acordar, dizia para Bernie o equivalente a “vem cá” em russo... E coitadinha dela se não fosse.

Segundo ela, o vendedor da Louis Vuitton ficou tão fascinado pelo pé do russo, certamente pensando como seria uma outra coisa, que a certa altura fingiu se baixar para apanhar a calçadeira e nele roçou os lábios. Dimitri não percebeu, Bernie sim. E no francês que aprendera em Pigalle e aperfeiçoara nas tardes de coquetéis do Ritz, ela disse ao rapaz em voz baixa, mas firme: “não se atreva a tocar de novo no meu bofe!” O rapaz obedeceu. Terminou sua tarefa de calçar um delicado LV naquele pezão enorme e pediu com voz trêmula que o russo, tal como Lázaro, levantasse e andasse. Ele o fez e após alguns passos proclamou entusiasmado: “até parece que já saí de dentro da minha mãe com estes sapatos!”

A experiência com o casaco proporcionou uma reação ainda maior e assim, na próxima reunião da máfia russa, seus membros, todos brutos, porcos e estúpidos, ficaram sem fala ao ver Dimitri pós-Louis Vuitton adentrar a sala de reuniões secretas do Ritz elegantemente repaginado.

Claro que houve um certo disse-me-disse nos desvãos do submundo. Até ali o mais exigente dos seus membros comprava os ternos num vuco-vuco daqueles que vivem numa liquidação permanente por razões de encerramento nunca comprovadas. E de repente no último verão o Dimitri aparece todo fresco ostentando a *griffe* Louis Vuitton até nos pés cheios de calos? Houve quem dissesse, mas em voz suficientemente baixa para não levar um tiro, que talvez ele estivesse num processo de “quebrar a mão”, ou seja, virar veado. “Não é à toa que anda pra lá e pra cá com aquele travesti cubano" (era de mim que estavam falando: para os russos mafiosos de Paris todo latino é de Cuba e fugiu da ilha com o rabo entre as pernas para não ser condenado a cortar cana até o fim dos dias por Fidel Castro).

Mas os rumores cessaram na próxima reunião, quando ele apareceu com um casaco, segundo comentou de "pele de cu de macaco". Na verdade, era um sobretudo Hugo Boss assinado em letras douradas supostamente pelo próprio. E o Poderoso Chefão versão russa, o homem que comandava eles todos, após acariciar o tecido do sobretudo com aqueles seus dedos grossos que lembravam... Não, melhor não dizer, pois assim divago, vamos continuar de onde paramos: como eu já disse, o poderoso chefão não resistiu e perguntou, sempre alisando o casaco: "posso experimentar um pouco?"

Em resposta Dimitri deu o sobretudo de presente a ele, que o vestiu e, segundo Bernie me contou depois, nunca mais o tirou até comprar outro e mais outro, uma coleção inteira de sobretudos de marca, no que foi imitado pelo resto da bandidagem. Agora elegantíssimos, os membros da máfia russa deram o passo seguinte no processo e trataram de aprender noções de etiqueta e boas maneiras. E a tal ponto se esmeraram que nunca mais receberam os mortíferos olhares de desdém do *maitre* do Le Meurice enquanto lá jantavam e gastavam milhares de euros em caviar iraniano e o melhor champanhe.

Quanto a Bernie, quando Dimitri confessou aos seus pares que fora ela a responsável por sua transformação em perfeito cavalheiro, foi recompensada pelo Poderoso Chefão da máfia russa, que lhe conferiu uma comenda **made in** Cartier em formato de colar de brilhantes o qual, segundo ela me disse, "mesmo que o mundo acabasse, para todos os efeitos continuaria valendo meio milhão de arrepiantes dólares".

Claro, na intimidade Dimitri Stepanov continuou o grosso de sempre do tipo que solta sonoros peidos como se dissesse "vou ali e já volto". Mas pelo menos, além de se vestir e se comportar com perfeição em público, já se conformara com o terrível destino que era às vezes compartilhar comigo e sua amante a mesma cama. Bernie, safada como era e sempre disposta a torná-lo ainda mais, digamos assim, evoluído, um dia me confessou que tentou convencê-lo a me deixar tocar no espantoso "negócio" que lhe escapava de entre as pernas. Mas a peremptória resposta do russo foi que isso ele não permitiria "nem depois de morto". Coitado, não sabia o que o destino lhe reservara.

Numa noite em que bebemos demais, fomos para o quarto deles e apenas nos demos boa noite tal como fariam três pessoas civilizadas que dormissem nuas e emboladas na mesma cama. A certa altura Dimitri, no mais profundo de todos os sonos, não sabia se roncava apenas ou também se engasgava com os roncos. Foi então que Bernie me acordou. E depois de apontar o tal "negócio" dele que, para usar uma expressão própria dos romances do século XIX, estava *intumescido*, sussurrou: "aproveita e pega... Agora!" Aí vocês me perguntam se obedeci à minha amiga e eu faço minha a frase do russo: não respondo "nem depois de morto".

Mas pelo menos, para mostrar o ponto a que chegara nossa intimidade, introduzo um texto anterior que escrevi sobre o casal com pretensões apenas jornalísticas – por isso a diferença de tom em relação ao que leram até agora – e cujo final posso revelar sem maiores traumas. É o que lerão logo a seguir após uma pausa que faremos todos para mijar e beber um copo de água, como acontece nos intervalos das telenovelas que, aliás não vejo, pois não posso mais perder tempo a essa altura da minha vida.

Estou eu no meu humilde cafofo em Paris, a léguas de distância do apartamentozinho de quatrocentos metros quadrados onde mora minha amiga Bernie Piters, quando recebo dela um zap: "Dimitri está com saudades de você" – diz ela em sua mensagem sumária. "Até parece" – eu respondo. "Toda vez que vou aí e você diz que ficarei pra dormir ele me olha com aquela cara de assassino..." Ela escreve de volta: "o Dimitri não tem a cara apenas, meu bem: "ele é um assassino". Desconverso, pois não quero saber dessas histórias sórdidas. Digo que ela só pode estar brincando e tento abordar outro tema, mas Bernie insiste: "não esqueça que ele fez um curso completo na KGB, o serviço de espionagem russo, que é especialista em formar bandidos". E eu a corto, decidido e firme: "isso não é o tipo de coisa que se fale pelo celular, portanto, vamos mudar de assunto?" Ela concorda, embora de certa forma o assunto continue o mesmo, ou seja: a vida pregressa do Dimitri quando jovem:

"Você não me disse porque ele está puto comigo" – arrisco. E é a vez de Bernie também recuar: "falei por falar, foi só um jeito de iniciar a conversa de modo a deixar você interessado. Sei que anda meio recluso...” Eu me justifico: “é que estou escrevendo umas coisas, preciso de sossego.” E ela: “nesse caso, nem vale a pena te convidar pra festa... Outra igual àquela em que te apresentei o Dimitri, lembra?”

Claro que lembro. Foi nos primórdios da nossa amizade, alguns anos atrás. Bernie decidira me apresentar ao “namorado” russo quando o Todo Poderoso chefão dele – cujo nome nunca foi pronunciado na minha frente – ofereceu uma festa num iate ancorado à beira do Sena na qual estariam representados vários bilhões de euros de todo o PIB mafioso da Europa do leste.

“Esse é o Dimitri” – ela me disse. Eu o encarei com o mais simpático de todos os olhares, mas tudo que seus olhos me devolveram foi a visão de uma única palavra escrita com sangue e ela era, em letras garrafais: CUIDADO! Ele era – ainda é – um homem perto dos cinquenta anos, alto, forte, cabelos fartos e grisalhos, incrivelmente sensual, porém de um modo completamente bruto. Estava todo de preto. Falava um inglês macarrônico e um francês que soava como se alguém reclamasse em altos brados de um molho **bernaise** desandado.

“Ele faz o quê na vida?” – eu perguntei a ela depois que o bofe nos virou as costas para atender o chamado do chefe: “negocia”. Eu: “pedras preciosas?” Ela, chegando mais perto para sussurrar no meu ouvido: “não, tolinho... Armas!” E prosseguiu: “sabe aquelas metrancas que algumas crianças empunham nas bocas de fumo dos morros lá do Rio? É possível que muitas tenham saído daqui.” Desse iate?” – reagi na minha vã inocência. Ela respondeu que “não, mas das negociatas dos que nesse momento estão dentro dele dando a maior festa para a qual, aliás, você foi convidado".

Olhei em direção à escada que levava à segurança do cais, já disposto a gritar "fuego" e abandonar o barco feito um rato antes do naufrágio. Mas Bernie, safa como era, percebeu minha intenção e tratou de me tranquilizar: "não leve em conta o que eu disse, meu bem, quem falou não fui eu, foi o champanhe". E, apontando um cidadão que conversava com o chefe mafioso: "além disso o chefe da polícia de Paris também é nosso convidado".

Um garçom passava com uma bandeja de **flutes**. Ela pegou uma delas, me entregou e ordenou: "trate de se descontrair e divirta-se". Bernie se afastou para falar com alguém, eu olhei em torno tentando obedecer à sua ordem e dei de cara com Dimitri, que me olhava de longe com cara de quem se pergunta: "que merda esse marica está fazendo aqui?" Disfarcei, bebi a taça inteira de champanhe de um gole e, aproveitando que o garçom passava de novo, peguei outra.

(Anos depois, num dos seus telefonemas súbitos e quando eu estava no Rio de Janeiro, Bernie tornou a dizer que o seu Dimitri estava "puto da vida comigo". De novo acreditei nisso, perguntei o porquê e, dessa vez, ela me disse já às gargalhadas: "porque às vezes a gente vê sua novela Império juntos! E, embora o bofe não entenda uma palavra de português além de caralho - que eu lhe ensinei -, cismou que você se baseou nele pra criar o Homem de Preto!"

Ai meu Deus, eu pensei: mais um que se acha. E falei pra ela: "com Dimitri já passam de meia dúzia. Uns, como ele, me odeiam, outros se consideram o máximo. Todos se veem no meu comendador e então eu pergunto: se veem ou querem ser como ele?"

No caso de Dimitri ele era ainda maior que minha ficção. Pois, embora fosse carinhoso com Bernie e gentil com os amigos dela, a mim é que ele não enganava: não só se vestia de preto como tinha o coração da mesma cor. Quanto aos outros, que se viam refletidos na imagem do comendador da novela, eu os tirava de letra. Nenhum iria tão longe a ponto de disparar contra mim um tiro de kalashnikov. Dimitri também não, mas os capangas dele...)

Mas voltemos à tal festa do iate ancorado às margens do Rio Sena, agora depois que já bebi pelo menos meia dúzia de taças de champanhe. Lá também estava um desses capangas do russo - um ucraniano de mais de dois metros de altura e um cabeção louro que devia pesar quinze quilos. Não sei por que, ele cismou comigo e começou a me seguir por todo lado. Ficamos boa parte do tempo num jogo de gato e rato, eu achando que bem, quem sabe, talvez, e ele uma esfinge de olhos azuis incandescentes sempre a olhar pra mim como se quisesse torrar com o calor do seu olhar o tutano dos meus ossos. Até que, num momento em que eu conversava com Bernie ele chegou bem perto de nós e murmurou, ou melhor, cuspiu algumas palavras em russo. Eu, cheio de **great expectations**, perguntei a ela: "que foi que ele falou de mim?" E ela respondeu como se dissesse *vou ali e já volto*:

"Falou que não vai com sua cara... E que é melhor você se cuidar, ou leva um soco. Mas não esquenta não, ele só faz o que o Dimitri mandar". Depois dessa, e com o ucraniano sempre a me olhar com aquele olhar terrível de seca-uma-plantação-todinha-de-pimenteiras, só me restou uma alternativa naquela festa de cossacos: beber e beber ainda mais... Até cair duro. Voltei para a casa de Bernie carregado, com Dimitri ao lado dela na limusine tentando agarrá-la para fazer o serviço ali mesmo, e ela - a mais ultrajada de todas as mulheres honestas, virgens e puras - a se recusar aos gritos de: "eu não sou uma de suas putas!"

Quanto ao ucraniano que me odiava, acho que o vi horas depois, enrolado apenas numa toalha, a sair do quarto onde me jogaram no apartamento de Bernie. E juro que ele atravessou pelo menos três paredes sem fazer o menor esforço, antes de desaparecer caminhando no ar com a visão fantasmagórica da Torre Eiffel em meio à bruma lá no fundo.

Como já disse, essa festa aconteceu faz muitos anos. Fui convidado para outros eventos da Máfia russa sempre que estava em Paris – e compareci a quase todos -, mas neles nunca mais vi o tal ucraniano. Cheguei a pensar que ele fora apenas um produto da minha imaginação um tanto deformada pelo álcool ou, pior ainda, um delírio, até que, numa certa noite de Natal... Não, deixemos essa parte da história para depois e voltemos ao presente e àquela outra noite em que Bernie Piters me mandou tocar no espantoso negócio do seu amante bêbedo e adormecido – ele, sim, mas não o negócio – e sigamos a partir dali em direção ao futuro.

Digo ou não digo: toquei ou não toquei? Digo, sim, toquei... E o assim chamado "negócio" de Dimitri, como uma cobra que fosse incomodada em pleno sono e se assustasse, deu o maior pulo. Ele resmungou, virou para o outro lado e eu e Bernie caímos na gargalhada, mas sem emitir um som sequer para não correr o risco de acordá-lo, pois, bêbedo como estava, isso o tornaria perigoso. Foi então que o russo resmungou meio que choramingando: "**mamushka**!" E aí Bernie parou de rir, pulou da cama e, nua como estava, caminhou para fora do quarto. Eu, atônito com sua reação intempestiva tratei de ir atrás dela.

"O que aconteceu?" – eu lhe perguntei ao encontrá-la, ainda nua, a olhar através da janela Paris adormecida em meio à bruma. "Ele chamou pela mãe" – me disse ela. Argumentei que homens, por mais brutais que sejam, de vez em quando fazem isso: chamam pela mãe em pleno sono, pois foi ela que ensinou a eles, quando ainda eram bebês, a gostar tanto de tetas. Foi aí que Bernie me informou com uma voz soturna: "ele quer me apresentar a ela!" Eu: "a mamushka dele está aqui em Paris?" E ela: "não, está no fim do mundo, no cu da Rússia, num lugar chamado Omsk, como é que pode, Quixeramobim já é um nome pavoroso e agora Omsk? Eu não mereço isso!"

Pergunto se Dimitri não vale o sacrifício e ela diz que sim, até vale. Mas o problema não é esse, mas sim que a mamushka dele vai odiá-la: "tenho certeza disso." Eu: "mas se ele quer lhe levar a Omsk para apresentar a mãe dele e se você o ama de verdade, então não tem outra saída". E Bernie diz que Dimitri já marcou até a data: "mês que vem a gente embarca e num avião da Aeroflot daqueles que só não se partem ao meio em pleno ar por milagre!

Eu não gostaria de ir à Rússia nem que fosse para viajar na primeira classe do trem Orient Express... Mas se bater pé e disser que não quero ir ele nunca vai me perdoar, talvez até me deixe. E eu me odeio por ter que reconhecer isso, mas não posso perder aquele homem. Nesse ponto ela se voltou para mim e, já soluçando, proclamou, aflita: "é horrível, não podia ter acontecido, mas o fato é que me apaixonei, que merda... Porra, eu amo o Dimitri!"

Ao ouvir isso não pude fazer mais nada além de abraçar minha amiga ainda em prantos, pois já sabia, por experiência própria, que o amor é um país estranho. E assim, juntos, ficamos nós dois a olhar pela janela enquanto, lá fora, Paris abria os olhos e se espreguiçava.

E foi dessa forma que aqui chegamos. Depois dos sorrisos todos que compartilhamos na primavera e no verão, agora o que teremos é o despencar de folhas mortas do outono. E depois virá o frio na alma que não nos abandona um só instante no inverno... Pois a comédia se foi. A partir daqui o que impera em nossa história é o ranger de dentes, as preces não atendidas e as lágrimas nunca por demais derramadas, ou seja: a porra desse melodrama constante que a gente chama de vida.

A viagem para Omsk, conforme Bernie me relatou depois, foi pavorosa. Não só por causa da turbulência, que fazia o avião estralar, ranger e pular feito um cavalo louco, mas também porque fizeram o que a tripulação chamou de "escala técnica" em Moscou. Lá trocaram de aeronave, mas antes tiveram que esperar três horas. "A partir de agora, sempre que alguém repetir na minha frente aquele bordão segundo o qual o mundo é pequeno eu lhe direi: *você diz isso porque nunca viajou para a Rússia"* – foi este o zap que minha amiga me enviou quando enfim chegou à **datcha**, a casa rural onde morava - com meia dúzia de gatos, pelo menos vinte cachorros, um urso idoso e cego e um criado mudo e coxo - aquela que Dimitri chamava tão carinhosamente de mamushka.

Permitam que durante alguns parágrafos desse relato eu entregue o privilégio da narrativa à nossa protagonista. Ela vai nos contar na primeira pessoa o que lhe aconteceu naquela localidade, que segundo ela disse, fica mais distante da Terra do que o planeta Urano. Bernie Piters com a palavra.

"Dimitri teve o cuidado de mandar à sua mamushka vários telegramas - sim, na Rússia eles ainda existem, assim como as cartas longas, estilosas e cheias de frases em francês. Neles anunciava o dia e a hora mais ou menos exatos da nossa chegada. Porém, quando lá chegamos com uma boa dúzia de malas, a porta estava fechada. Durante meia hora ninguém lá dentro atendeu aos seus apelos para que abrissem, até ele concluir o óbvio: não havia ninguém em casa. Eu, exausta, com os pés inchados e o desodorante íntimo vencido, rezava em silêncio para que tivesse acontecido o pior, ou seja: que, enquanto esperava por nós mamushka tivesse morrido envenenada pelo gás de cozinha que vinha diretamente das estepes siberianas através de canalizações ainda do tempo em que o país se achava comunista.

“Mas a verdade era bem mais simples: ela apenas não estava em casa. Quando chegou e viu o filho ali parado comigo foi logo perguntando: “o que você está fazendo aqui?” Dimitri, surpreso, reagiu: “eu lhe avisei que vinha hoje!” Ela: “avisou, como?” Ele: “não recebeu meus telegramas?” Ela: “recebi, mas não abri. Telegramas sempre trazem más notícias”. Dimitri insistiu: “o fato é que estou aqui.” Ela: “e onde vai ficar?” Ele, espantado: “mamushka”! Ela, com ar de desdém: “já vi tudo, na minha casa. Mas não esqueça que quando eu morrer ela não será sua e sim do Igor!” Igor não era o criado coxo, era o urso!”

“Até aí a velha parecia não ter me visto. Ela abriu a porta, entrou, Dimitri pegou as primeiras malas e foi atrás dela, eu o segui e ela, quando me viu entrar na sua casa perguntou, segundo ele me traduziu literalmente depois: “quem é essa mulher que tem cara de puta?” Dimitri: “se tivesse lido meus telegramas saberia... É minha noiva!” Ao ouvir isso mamushka soltou uma risada de deboche e disse em russo alguma coisa que fez Dimitri empalidecer.

“O que ela disse?

“Enquanto estávamos em Omsk fiz várias vezes essa pergunta a Dimitri. Mas ele - que durante o resto da visita à mamushka nunca foi o mesmo comigo, pois regredira até virar menino - só me respondeu uma semana depois, já no avião da Aeroflot no qual estávamos voltando: disse que se ele casasse comigo ela nunca teria netos. Pois só dc olhar para mim já vira que eu não poderia gerar filhos.

"Omsk, com licença da má palavra, é o que é: apenas Omsk, uma breve parada antes de você partir rumo ao inferno gelado da Sibéria, uma cidade russa... E estas, à exceção de São Petersburgo, quem já viu uma viu todas, pois a tristeza é sempre igual em suas ruas. Por causa do sadismo da mamushka nossa visita àquele fim de mundo para mim foi um verdadeiro inferno. A certa altura senti que era meu dever moral matá-la, se possível com requintes de crueldade. Mas como não descobri um jeito de fazer isso sem que Dimitri me culpasse nem que eu fosse acusada de homicídio e condenada aos trabalhos forçados na Sibéria, pensei comigo mesmo: já aguentei tanto... Claro que aguento mais essa. E suportei os insultos dela fingindo que estava no sétimo céu da absoluta felicidade e achava Omsk um paraíso.

"Mamushka, que se chamava Yelena – nome bonito demais para aquela criatura horrorosa, deixou bem claro que se seu filho ousasse continuar comigo para ela estaria morto e enterrado de preferência numa cova rasa. Deus sabe o que ela disse para Dimitri a meu respeito com aquele seu jeito de falar que parecia um martelar de dois tamancos num assoalho gasto. Mas o fato é que, por mais absurdo que tenham sido suas imprecações contra mim, ele as levou em conta, pois mãe é mãe e filho é filho e idiota. E foi assim que a semana se passou. Dimitri curtiu a companhia da mãe mesmo abalado pelo que ela lhe dissera na nossa chegada. E, talvez incentivado por ela – os dois só se falavam em russo e eu não entendia nada – meio que me deixou de lado, inclusive na cama.

Foi no avião, já depois que este sobrevoava a Polônia - e porque insisti muito -, que ele revelou o que sua mãe dissera a meu respeito na primeira vez que me viu. "Como foi que ela adivinhou?" – eu murmurei. E ele: "então é verdade?" Eu: "e se fosse, me diz: e se eu não pudesse ter filhos?" Dimitri me olhou um instante e só depois respondeu com um fervor que nele me pareceu estranho: "eu nunca te deixaria por causa disso". E eu, que já o conhecia muito bem, percebi que ele estava mentindo".

Agora deixemos Bernie e Dimitri no avião da Aeroflot a estralar e sacolejar pelos céus da Europa em direção a Paris, pois preciso retomar minha própria narrativa antes que os dois cheguem de sua longa, atribulada e triste viagem.

Já contei da minha curiosidade quase doentia sobre o modo como Bernadete Maria da Conceição saíra de Quixeramobim lá no Ceará profundo e, doze meses depois, já era puta em Paris. Recordemos: durante a viagem no pau-de-arara ela dormira no ombro do cigano que viajava ao seu lado. E só se lembrava de ter acordado um ano depois já rodando bolsinha nos arredores da Place Pigalle. Por mais que a gente tenha se tornado amigos, cada vez que eu tocava no assunto ela disfarçava e saía trotando feito uma égua puro-sangue daquelas que se vê nas manhãs de primavera no Bois de Boulogne montadas por garbosos cavaleiros ou belas damas, ou seja: deixava bem claro que não estava a fim de falar sobre isso.

A essa altura eu já tinha certeza de que ela nunca me daria nenhuma pista sobre o que lhe aconteceu nessa parte desconhecida de sua viagem. Por isso, aproveitando que teria a chave do seu apartamento enquanto ela e Dimitri estivessem fora, me perdoem, porém fiz uma coisa horrível da qual me envergonho profundamente, mas que preciso revelar agora: dei uma geral nas coisas pessoais de Bernie.

Havia gavetas, gavetas e mais gavetas todas cheias de roupas íntimas de **griffe** nos armários do seu closet, inclusive uma secreta, disfarçada de prateleira, mas que abria quando se dava nela um soco, dentro da qual achei vários artefatos destinados a práticas sexuais inusitadas e além deles... Vocês conseguem imaginar um melodrama sem uma carta misteriosa? Pois naquela gaveta secreta de Bernie achei não apenas uma, porém várias cartas que nunca tinham sido abertas, todas postadas na agência de correios de Quixeramobim e enviadas pela mesma pessoa: Jerusa Maria da Conceição. Ou seja, alguém que tinha o sobrenome dela e, portanto, devia ser sua parente. Mas como ter certeza disso? Não haveria outra maneira senão a que, repito, para minha eterna vergonha pus em prática, ou seja: abri uma delas.

Jerusa Maria da Conceição tinha uma letra irregular de quem mal passara pela escola – e pública, não privada. E o teor de sua carta, da qual expurguei os terríveis erros de português e que começava com um "muito querida irmã", sem falar no sobrenome idêntico, não deixava a menor dúvida sobre a missivista: era a irmã de Bernie. A carta que abri era a mais recente. E logo de saída fazia uma referência a todas as outras:

"Já escrevi trinta e três cartas pra você, Bernadete, a idade de Cristo. E sei que todas chegaram aí no endereço da França que o Ivan me deu quando passou aqui,

pois nenhuma delas foi devolvida. Então, por que não me responde? Nossa mãe está cada vez mais fraca e não fala em outra coisa senão que precisa lhe ver de novo antes que morra. Ela diz que irá sofrer no inferno se você não esquecer aquela maldade toda que lhe fez e lhe der o seu perdão... Por favor, minha irmã, me dê notícias, diga pelo menos que está viva!"

Gente de Deus! Que apelo mais desesperado era aquele? O que a mãe de Bernadete Maria da Conceição tinha feito à sua filha de quinze anos para que fosse arder no fogo do inferno se ela não a perdoasse? E, principalmente: quem era Ivan? O que tinha a ver com Bernie? Como sabia o endereço dela em Paris e, ao mesmo tempo, conhecia sua família em Quixeramobim a ponto de lhes dizer onde ela estava e qual o seu endereço? Mil perdões, mas não achei outra saída: tratei de abrir a primeira carta pela ordem de datas na esperança de achar nela alguma referência ao tal Ivan...

E não é que achei? Vejamos o que diz Jerusa nesta missiva inicial que, como as seguintes, nunca tinha sido aberta até que eu, mesmo envergonhado por fazê-lo, a bisbilhotasse:

"Bernadete, quem lhe escreve é sua irmã, aqui de Quixeramobim, o fim do mundo onde nasceste. Você vai querer saber como consegui seu endereço na França e eu lhe digo logo. Foi com o Ivan, que passou aqui um dia desses. Depois que me ajoelhei aos pés dele e, em prantos, implorei notícias suas, ele resolveu mi atender-me. Disse que você está em Paris, na França. Falou que está muito bem, ficou rica, virou uma madame tão fina que, quando lhe viu na rua, nem teve coragem de falar contigo. Mas

pelo menos te seguiu. E quando você entrou num prédio grã-fino, passou a conversa no porteiro e este falou pra ele que você era Madame Bernie, veja só, madame! E morava ali com um russo do cabelo de fogo que era seu marido.

"História mais esquisita. Primeiro pensei que era mentira do cigano. Que ele estava querendo era me levar pra cama, como lhe levou quando você era uma criança inocente. Sabia que até hoje, com trinta e sete anos, ainda estou solteira? E virgem! Mãe diz que é porque, ao contrário de você, sempre fui muito feia. Porém, quando me olho no espelho, até que não me acho tanto. Voltando ao que interessa: na próxima vez em que Ivan passou aqui eu insisti e ele acabou me dando seu endereço, até mostrou uma foto sua entrando no tal prédio e eu lhe reconheci, embora você esteja muito diferente.

"Paris, minha irmã? Nem sei onde é que fica, mas acho que deve ser na outra banda do mundo. Aqueles prédios tão bonitos... E você, vestida feito uma artista de cinema... Por acaso ganhou na loteria esportiva, ou então na Sena? Pedi ao Ivan que me emprestasse a foto e mostrei pra nossa mãe. Quando ela viu passou tão mal que tive de levar a coitada no posto de saúde. O médico disse que ela estava era com palpitação e pressão alta. Chorava feito uma condenada. Dizia o tempo todo que precisava lhe ver pra lhe pedir perdão antes da morte.

"E é por isso que lhe escrevo. Eu sei que nossa mãe foi muito ruim contigo, mas minha irmã, tudo isso já passou. Faz muito tempo! O mundo deu tantas voltas que agora você está bem e é rica. Então escreva, diga pra nossa mãe que já esqueceu daquilo! Da tua irmã que te

ama. Ah, sim: toda vez que passa por aqui o vigarista do Ivan cisma de dormir na cama de nossa mãe. Mas não fique zangada, que ela não deixa. Posso lhe jurar que mãínha nunca mais teve nada com ele. Da sua irmã que lhe ama e não lhe esquece, sangue do seu sangue... Jerusa".

O Cigano, gente. O tal em cujo ombro Bernadete Maria da Conceição dormiu durante aquela viagem cansativa. Só podia ser o Ivan citado na carta. Nesse caso ela não o conheceu durante a viagem, mas sim, em casa ou, como acontece com as cabras no cio: na capoeira. No mato. Meu Deus. Minha mente doentia de ficcionista começou a engendrar uma história terrível a partir da leitura daquela carta: Ivan era amante da matriarca, mas também pegou a filha. E esta, depois que a mãe descobriu isso e a expulsou de casa, foi embora com ele. Seria essa a verdadeira história pregressa de Bernie Piters? Só havia uma pessoa sobre a face da terra que podia confirmá-la sem nenhuma dúvida: era ela mesma eu lhe cobraria isso.

Embora ainda fosse outubro, nevou em Paris enquanto Bernie e seu querido Dimitri atravessavam, no balançante avião da Aeroflot, os céus sempre tempestuosos e sujeitos a bombardeios mortais da Europa do leste. Foi como se a natureza quisesse recebê-la de volta de suas desventuras na Rússia com um infindável tapete branco. Eu e a criada Marguerite, a quem apelidei de Camille por causa de Marguerite Gaultier, a Dama das Camélias, fizemos uma faxina geral na casa. Assim, quando Madame e seu Monsieur chegaram até o balde com as garrafas de champanhe já estava à espera. Dimitri não se fez de rogado e atacou logo uma delas. Mas Bernie, que desfilava com um deslumbrante casaco de zibelina comprado lá em Omsk a preço de batata frita, recusou-se até mesmo a provar da Veuve Clicquot e foi direto para o quarto. "Que é que ela tem?" – perguntei a Dimitri. E ele respondeu com sua delicadeza habitual: "Sei lá. Deve estar naqueles dias em que sangra e fica mal humorada".

Fui atrás dela com as frases que sua irmã Jerusa escrevera nas cartas a se projetar na minha mente como se fossem legendas de um filme em preto-e-branco. Cheguei no quarto e a encontrei a olhar o tapete de neve, que se estendia na rua até chegar à Torre Eiffel lá no fundo. Ela murmurou: "é tudo tão horrível!" Reagi espantado: "a neve e a Torre Eiffel?" E ela: "não, a merda de minha vida". Soltar frases desse tipo enquanto mora num luxuoso apê atrás da Torre Eiffel é bastante discutível. Mas também seria a deixa ideal para que eu falasse das cartas de Jerusa e não perdi tempo. Só que Bernie, como se pressentisse o que eu ia fazer, se adiantou e disse: "não quero falar sobre isso. Estou exausta! Só posso dizer que a viagem foi horrível em todos os sentidos. Eu te adoro, mas você vai dar licença e me deixar só, pois quero mergulhar na minha cama e dormir dois dias seguidos".

Voltei para a sala e vi que Dimitri já espocara a segunda garrafa de champanhe e estava com aquele seu perigoso olhar fixo de quando bebia muito. Ainda arrisquei: disse que tinha achado a Bernie assim, meio triste, como se não tivesse gostado da viagem. E ele resmungou: "acho que foi por causa do frio. Reclamou disso o tempo todo".

Fiquei ali ainda uns minutos. Mas como o russo não disse nem mais uma palavra - apenas bebeu e bebeu e bebeu com os olhos sempre voltados para o infinito, achei melhor sair de fininho antes que ele explodisse comigo sem que eu pudesse contar com o para-raios que, nessas ocasiões, garantia minha integridade física: a intervenção de Bernie Piters.

Dois dias se passaram. O sol voltou, a neve derreteu e o tapete branco que enfeitava as ruas de Paris virou uma lama pegajosa e fedorenta. No meu cafofo eu aguardava ansioso, pois tinha certeza de que Bernie a essa altura já tinha acordado e me chamaria... E ela o fez. Fui correndo, é claro. Já estava na porta do prédio dela quando um pombo desceu dos céus num voo rasante e, por acidente, bicou meu rosto. Desci do elevador de estilo **art deco**, entrei no apartamento de Bernie e ela, que me esperava na porta, viu que eu estava sangrando. Antes que perguntasse o que acontecera eu me adiantei e disse que esbarrara com um pombo desorientado. Sem se abalar, ela mandou Marguerite buscar a caixa de primeiros socorros e tratou de aplicar um remédio qualquer no meu rosto enquanto me contava com toda a riqueza de detalhes o que lhe acontecera na viagem.

"É claro que a bruxa velha estava certa – ela encerrou cheia de ódio -. Já passei da idade de gerar um filho". Pensei comigo mesmo que, sem querer, ela confirmara aquilo que eu já sabia – que deixara os 35 anos para trás há muito. "Mas o Dimitri te ama, até um cego vê isso. Acha mesmo que ele te deixaria por que você não pode gerar uma criança?" Bernie, sábia, disse que não. Mas, caso ele conhecesse outra e descobrisse que esta, sim, é que seria a mulher de sua vida, poderia usar esta sua impossibilidade como pretexto para lhe dar um chute na bunda. Insisti em afirmar que não acreditava nisso e ela filosofou: "quando se trata de mandar uma mulher pra puta-que-pariu os homens são práticos e de uma crueldade ilimitada".

Depois disso ainda dedicou alguns preciosos segundos a amaldiçoar e desejar a pior das mortes à mamushka, até que, talvez cansada de falar, ficou em silêncio. Eu percebi que essa era a hora e tratei de atingi-la com uma flechada certeira. "Agora que já está mais calma, me diz: quem é esse tal de Ivan?" – perguntei sem mais nem menos, assim na bucha. Ela me olhou como se me visse pela primeira vez e falou: "já vi que você mexeu nas minhas coisas... E leu as cartas". Eu lhe respondi que sim e nem ia pedir desculpas por isso, "pois sei que não mereço seu perdão, nem você vai me perdoar nunca. Li só duas. Porém, baseado no pouco que li, acho da maior importância que você leia todas".

Penso que, durante aquele tempo todo em que Jerusa lhe escrevera inutilmente, Bernie só estava esperando que alguém lhe mandasse ler as cartas e ela faria isso. Pois, sem dizer nem mais uma palavra, foi até o closet e nele na tal gaveta que só abria se lhe dessem um soco certeiro, o que ela fez. De lá tirou as cartas e as trouxe até a cama. Mandei que as lesse pela ordem de remessa e, de novo, ela obedeceu. Não a vi reagir de nenhum modo enquanto lia. Se sentiu algum tipo de emoção, pelo menos aos meus olhos não pareceu. A leitura de todas durou mais de uma hora, pois algumas vezes ela parava no meio de uma delas para consultar outra que já lera. No final guardou todas nos envelopes, foi até a gaveta e as trancou de novo. Eu, sentado no mesmo lugar, imóvel, esperei que depois disso reagisse de algum modo. Mas ela voltou para a cama, sentou e ficou mais um tempo pensativa... Até que falou com sua voz mais calma de todas: "preciso que me faça um favor". E eu, tentando adivinhar do que se tratava: "quer eu vá embora e nunca mais volte: é isso?" Bernie disse que não, pelo contrário e arrematou: "quero que viaje para Quixeramobim, lá procure minha mãe e lhe conte tudo".

Mas tudo o que, se até ali só conhecia uma parte da história? Quando lhe perguntei isso ela tratou de relatar o que eu ainda não sabia num longo monólogo que, na medida do possível, reproduzo agora:

"Um dia Ivan apareceu do nada lá em casa e pediu trabalho. Tinha olhos verdes, um bigode que ia até o queixo e um ar de quem só pensava em safadeza. O modo como olhava para as mulheres, qualquer que fosse ela, dava até medo. Minha mãe o contratou só para cuidar das plantações de macaxeira. Mas não resistiu àquele olhar e em menos de um mês virou amante dele. Na cama da patroa o canalha do cigano passou a levar a maior boa vida. Mas quem disse que se conformou com isso? Queria mais. Então também passou a me olhar daquele jeito. Eu era muito nova e no começo tive medo. Mas só até ele me atrair para o mato e lá me fazer o serviço. Gostei tanto que passei a levar água para ele todo dia na plantação. E lá aprendi a matar todas as suas sedes.

“Mas minha mãe acabou desconfiando daqueles meus passeios. Um dia foi atrás de mim, pegou a gente na safadeza e reagiu cheia de ciúmes. Só que não ficou com raiva dele - disse que que a culpa era só minha e me expulsou de casa sem deixar nem que eu pegasse minhas coisas. Jerusa é que deu um jeito de me entregar tudo depois sem que mãe soubesse. Eu não tinha pra onde ir! Fiquei uns dias escondida no mato até que Ivan me achou. Disse que tinha brigado com minha mãe, estava a fim de ir embora, mas só se eu topasse ir com ele. “Pra onde?” – perguntei. E ele: “quando chegar lá a gente sabe”.

“Minha mãe tinha deixado bem claro que nunca ia me perdoar. Mesmo que um dia ela me deixasse voltar pra casa isso ainda ia demorar, pois só o tempo apagaria sua mágoa. Por isso – e porque não queria me separar do Cigano – aceitei o convite dele e naquele mesmo dia fomos embora. Nosso destino inicial era o Rio de Janeiro. Mas quando o pau-de-arara fez uma parada em Salvador da Bahia ele mudou de ideia, disse “é aqui que ficamos” e me levou para trabalhar num puteiro.

“Ficamos lá vários meses. Sentado numa mesa do salão, ele passava o tempo todo me vigiando enquanto eu cumpria meu horário, pois iria recolher depois cada centavo que eu ganhara. Isso até conhecer um frequentador da casa que era muito rico e não se interessava por nenhuma das mulheres: ele era veado. Os dois ficaram amigos, mas acho que eram mais que isso - o sujeito levava Ivan para todo lado, até o deixava dormir na sua casa de solteiro e solitário. Um dia ele estava lá e aí - nunca soube por que – os dois brigaram. O cigano matou o outro a facadas, roubou todo o dinheiro que ele escondia debaixo do colchão, foi atrás de mim no puteiro e mandou que arrumasse minhas coisas. Perguntei por que, ele respondeu sem dar detalhes: "porque eu quero. Vamos cair na estrada de novo". Só depois, quando a gente já estava longe e eu insisti muito, ele contou que tinha dado várias facadas no sujeito e lhe roubara tudo.

"Foi ali que, pela primeira vez, percebi o quanto Ivan podia ser perigoso. Fiquei com medo e pensei que devia deixá-lo. Mas como? Eu tinha quinze anos. Não conhecia ninguém, nem sabia direito onde é que estava, muito menos podia voltar para casa. Se fugisse dele talvez acabasse caindo nas mãos de outro ainda pior. Além disso, gostava do que o cigano fazia na cama, os clientes que atendia nem chegavam aos pés dele, na minha inocência achava que, nesse terreno, ele seria único... Então entreguei tudo a Deus e permiti que ele me levasse, até que chegamos ao nosso destino original – o Rio de Janeiro.

"Alugamos um quarto na rua do Catete. Durante alguns meses Ivan não pensou em me arranjar trabalho, pois, embora gastasse muito, ainda tinha boa parte do dinheiro que roubara do pobre coitado a quem matara. Esse período de descontração ao lado dele foi apenas um interlúdio até o próximo passo do meu calvário. Mas serviu para que ficássemos ainda mais ligados. Um dia passamos diante de uma agência de viagens, e lá tinha um cartaz de Paris na vitrine com a Torre Eiffel em destaque. Eu disse para Ivan: "bonito, não é?" Ele: "no cartaz até parece, mas só acredito vendo pessoalmente". Brinquei, sem imaginar que Paris seria o ponto final da minha viagem: "por que não vamos lá conferir se é mesmo?" A roleta da fortuna nem chegara a girar duas vezes quando ele respondeu: "então vamos".

"Não tínhamos nenhum documento. Mas o dinheiro quando é muito compra tudo - até dois passaportes verdadeiros. Assim, já de posse deles, viajamos.

"Quando chegamos no centro de Paris vi que a cidade era ainda mais bonita do que parecia no cartaz. Disse isso a Ivan e ele concordou comigo, mas fez uma ressalva: "é bonita sim. Mas se a gente olhar demais dá sono". A essa altura o dinheiro já tinha praticamente acabado e ele resolveu o problema do seu jeito: ficava dormindo no quarto fedorento que alugamos enquanto eu ia rodar bolsinha e dar o maior duro. Passaram-se os meses. Minha vida era trabalhar na rua o dia inteiro e à noite apanhar de Ivan se não lhe entregasse todo o dinheiro. Mas Paris é uma puta velha que tem muito para ensinar às garotas que a procuram. E estas, se não forem umas idiotas completas acabam aprendendo. Assim, quando o que ainda me restava de desejo por ele acabou, finalmente aprendi que não precisava da proteção do cigano – se me virasse sozinha ficaria com todo o lucro.

"Mal disse isso a ele e o safado partiu para cima de mim gritando que ia me dar mais uma surra eu peguei de uma faca, encarei ele nos olhos e falei de um jeito que não lhe deixou a menor dúvida: "se você não for embora, quando cair de bêbedo ou estiver dormindo, de um jeito ou de outro boto suas tripas todas pra fora e fico olhando você sangrar até morrer feito um porco." Ivan percebeu que eu não ia ficar só na ameaça, pois aprendera as duras lições de vida que ele mesmo me dera. Para não sair por baixo, ainda desdenhou: disse que nossa história já rendera tudo que podia, dali por diante eu ia cair até parar na sarjeta, se quisesse continuar ganhando dinheiro pra valer teria que procurar outra... E então arrumou a trouxa e, sem sequer dizer *vai à merda*, sumiu de porta a fora".

E assim Bernie revelou em uma hora de monólogo o mistério que me manteve em suspenso durante tantos anos: o vazio de doze meses na vida de Bernadete Maria da Conceição em sua trajetória de Quixeramobim até a bela cidade de Paris onde há muito tempo ela vive. Durante esse período escuro de sua vida ela partilhou o pão que o diabo amassou com figuras sinistras dentre as quais a mais notória foi Ivan, o Cigano terrível. Sim, ele a fez sofrer. Ele a maltratou e humilhou de todas as formas possíveis. Mas também contribuiu de modo decisivo para que, como ela me disse a certa altura, "seu couro se tornasse duro". E foi assim, sobrevivendo a todos os infortúnios e deles tirando lições de vida, que ela se tornou quem é: a personagem dessa fábula que, para homenageá-la, agora escrevo.

De Paris a Lisboa, tudo bem. Quanto à travessia até Fortaleza, deixem que lhes diga: não gosto nada de voar sobre o oceano. Embora sem uma razão concreta, quando o faço fico sempre muito tenso ou pior ainda: transido de medo. E se o avião sofrer uma pane e mergulhar no mar sem deixar sequer vestígios? "Pior seria mergulhar na terra, pois dele não sobraria nada inteiro... Inclusive os passageiros" – Bernie retrucou no aeroporto Chales de Gaulle, onde fora me levar de limusine, quando lhe falei sobre essa minha fobia. E acrescentou: "de todo modo, no mar ou na terra, se o avião cair você já era, é tudo uma questão de segundos. Portanto, meu amor, relaxe, tome quantas taças de champanhe for possível e depois caia na sua cadeira e durma de tão bêbedo".

Mas dessa vez no trecho em que atravessei o oceano a viagem foi tranquila. Segui o conselho de Bernie: bebi até que a aeromoça começou a me olhar atravessado. E então aproveitei para reler as cartas de Jerusa das quais levava uma cópia xerox que minha amiga tinha providenciado. Com tempo bom e vento pela cauda o avião desceu meia hora adiantado em Fortaleza e o dia ainda estava amanhecendo. Liguei para Valdecir, o motorista previamente contratado e avisei que já estava no aeroporto. Vinte minutos depois ele chegou, botou minha bagagem no porta-malas e então partimos.

Até Quixeramobim seriam três horas de viagem. De lá, segundo o mapa que Bernie traçara, para chegar ao sítio onde ela nascera teríamos que seguir aos solavancos por um caminho de terra. Ainda na estrada tentei traçar a estratégia que usaria no meu encontro com a família. Porém, atormentado pela paisagem que ia se tornando progressivamente crestada, com o sol agora a esquentar o interior do carro apesar do ar condicionado ligado no máximo, desisti de fazer qualquer plano e decidi que diante da mãe e da irmã de Bernie partiria para o improviso. Acabei por cochilar. Sonhei com cabras que baliam aflitas em torno do carro e acordei quando o motorista Valdecir anunciou: "chegamos". Abri os olhos, vi que havia cabras em torno do carro sim e elas baliam. Perguntei há quanto tempo estávamos ali. Valdecir respondeu que há meia hora e acrescentou: “preferi não acordar o senhor quando vi que estava dormindo pesado”.

Olhei em torno e além das cabras. A terra era árida até se perder de vista. Dentro do meu raio de visão havia uma espécie de galpão improvisado, uma vaca imóvel como se fosse empalhada e ali permanecesse há séculos e a casa - na verdade um casebre de taipa meio arruinado em cuja porta uma cópia mal acabada de Bernie me olhava. Nunca a tinha visto antes, mas a reconheci na hora. Abri a porta do carro desci e a chamei pelo seu nome: “Jerusa?” Ela não disse sim nem não, apenas me lançou de volta outra pergunta: “o que o senhor quer com ela?” E eu lhe disse que não estava ali por sua causa. Viera da parte de Bernadete para falar com dona Ifigênia, a mãe dela.

Ah, sim, esqueci de lhes contar este detalhe: a mãe de Bernie se chamava Ifigênia. E sobre a sua vida, tal como a da grega portadora original do nome, podia-se dizer que fora uma tragédia. A começar pelo lugar onde ela morava - um cenário digno de alguma produção do cinema engajado e terceiro mundista, gênero hoje em dia fora de moda: cabras subnutridas, terra seca a perder de vista, uma plantação raquítica de mandioca que sobrevivia a duras penas, mandacarus que, vistos de longe, pareciam um tosco disfarce usado por criaturas extraterrenas para invadir a terra sem enfrentar resistência... E Jerusa, a autora de tantas e tão dramáticas cartas, com o inefável vestido de chita e o lenço amarrado na cabeça como uma figurante de luxo ali na porta.

Ela deu um passo adiante, mostrou-se melhor – não era velha, mas acabada – e perguntou: "o senhor conhece Bernadete?" "Mais que isso – eu lhe disse –, sou muito amigo dela". Tirei os papéis do bolso e os mostrei: "ela até me deu cópias de suas cartas para que, da sua parte e da parte de sua mãe não houvesse a menor dúvida quanto à nossa amizade". E acrescentei: "posso falar com dona Ifigênia agora?"

Jerusa não disse nada – apenas entrou em casa. Eu e Valdecir ficamos ali durante cerca de meia hora, sob o sol cada vez mais inclemente e tentando fugir ao cerco aflito das cabras. A vaca continuava imóvel, talvez sonhando que debaixo dos seus cascos havia um pasto. Nenhum vento soprava. Até onde se podia ver nada se movia e, além do balir das cabras, nenhum outro ruído se escutava. Até que Jerusa saiu da casa e eu vi que mudara de roupa, tirara o lenço da cabeça e, sem nenhuma dúvida, botara um batom discreto e se penteara. "Ela mandou alguma coisa pra gente?" – perguntou. E eu: "não, mas mandou que eu perguntasse do que vocês precisavam". Nesse momento ouviu-se uma voz atrás dela: "obrigado moço, mas a gente não precisa de nada, só de notícias dela. Se o senhor tem alguma pra me dar, então saia do sol e entre na minha casa". Era dona Ifigênia. Jerusa, depois de ouvir isso, afastou-se da porta e me deu passagem.

O interior da casa era aquilo que um decorador, preocupado em não ofender seus moradores, chamaria de "despojado". Não havia mais nada além de um oratório pendurado na parede com imagens de santos de braços quebrados; uma mesa tosca, com alguns bancos em torno dela, sobre a qual um jarro cheio de flores de plástico servia de campo de pouso e descanso para uma legião de moscas; e, num canto perto da única janela, lá estava dona Ifigênia sentada num cadeirão que lembrava uma espécie de trono. Ela segurava um cajado e usava uma roupa estranhamente atemporal, cuja saia portentosa parecia copiada daquele quadro das anãs de Velasquez. Fiquei parado um instante ainda tentando me acostumar à semiescuridão da sala, até que ela bateu duas vezes no chão com o cajado e ordenou: "ande logo".

Eu me aproximei. Ela apontou em direção à mesa e ordenou de novo: "puxe um banco daí e sente do meu lado". Outra vez fiz o que mandava. Levei o banco até perto dela e me acomodei. Sem me encarar ela falou: "se eu não olhar pro senhor, não estranhe. Ouço muito bem, mas enxergo pouco". Depois suspirou fundo e então foi direto ao ponto: "o senhor disse que é amigo de Bernadete?" Eu: "há muitos anos". Ela: "já dormiu com ela alguma vez?" Pego de surpresa e tentando parecer firme respondi: "sim, muitas vezes dividimos a mesma cama, mas não desse jeito que a senhora está pensando. Assim, nunca tivemos nada." Ela, após uma breve pausa: "por acaso o senhor é veado? Eu, tentando me desviar do assunto: "peço desculpas?" Ela: "deixe pra lá". E seguiu em frente: "se dormem juntos, mas não fazem nada, então conversam a noite toda. E neste caso o senhor deve saber tudo sobre ela". Eu confirmei, e ela, como a rainha que imaginava ser daquele país remoto, mais uma vez ordenou: "então me conte tudo que sabe, mas tudo mesmo. Por mais que sejam histórias sujas não vão me causar nada pior do que nojo".

Quando saí da casa o céu já despencava no horizonte deixando atrás de si um rastro avermelhado. "É tão bonito de se ver" – disse Jerusa a observar o crepúsculo. E acrescentou: "vejo todo dia e nunca me acostumo". Encostado no carro, o motorista Valdecir também olhava o pôr do sol com aquele ar de quem se vê diante de um mistério cuja origem, por mais que tente, nunca conseguirá alcançar. Estranhei o silêncio das cabras e as procurei com os olhos. Vi que, por sua própria conta, elas já iam se recolhendo ao cercado, como se adivinhassem a presença de um pastor invisível e até mesmo ouvissem o som obsessivo de sua flauta. Nessa hora, sob aquela luz e aquele silêncio, ah, como parecia bonito aquele lugar miserável.

Fiquei mais alguns instantes ao lado de Jerusa, até que o sol sumiu de vez e a escuridão da noite desfigurou todo o cenário. E então, como se quisesse me despachar dali ela falou: "tenho que entrar e preparar a janta de mãe, senão ela me bate" Eu reagi surpreso: "dona Ifigênia bate em você?" A resposta veio com uma meia risada: "por que o senhor pensa que ela anda pra todo lado com aquele cajado?" Estendi a mão - que ela apertou de maneira firme e calorosa - e disse que tinha sido um prazer, que Bernadete falava muito dela e sempre comentava que, enquanto viveu aqui, tinham sido muito próximas. Jerusa sorriu como se lembrasse de alguma coisa e então falou: "peça a ela que me desculpe por ter parado de mandar notícias. Como nunca tive uma resposta, achei que ela não estava interessada".

Caminhei em direção ao carro no qual Valdecir me esperava com a porta aberta. Já ia entrar quando ouvi a voz de dona Ifigênia vindo de dentro da casa: "faça uma boa viagem. E quando vir minha filha de novo repita para ela tudo que eu falei... Sem esquecer nenhuma uma palavra".

Mas o que aquela velha senhora me disse nas duas horas em que, num silêncio reverencial, eu apenas a escutei? Sosseguem o facho, pois não vou dizer o que foi ou deixou de ser, pelo menos não agora. Prefiro esperar até me ver diante de Bernie Piters. E só então, junto com ela, os que me leem saberão o que falou dona Ifigênia.

A viagem para Fortaleza foi difícil e perigosa. Animais não identificados surgiam do nada tentando atravessar a pista, porém, ofuscados pelos faróis do carro, paravam a meio dela e ali ficavam cegos e paralisados. O motorista conseguia desviar de todos com perícia, ou então usava os freios e parava há tempo de evitar o desastre. Mas ele próprio parecia atingido pelo cansaço. Cada vez mais preocupado, sugeri que parássemos de vez em quando para que pudesse pelo menos molhar o rosto. Ele fez isso várias vezes até que acabou a água que leváramos para beber durante a viagem.

Na última dessas paradas, enquanto o motorista descansava dentro do carro, desci para esticar as pernas e fiquei a olhar o céu no qual as estrelas pareciam se espalhar num manto cheio de bordados. Já vira o céu noturno em muitos lugares, inclusive no deserto do Marrocos. Mas em nenhum ele me parecera tão brilhante e iluminado quanto no alto sertão do Nordeste brasileiro.

Enfim chegamos. Naquela noite estava previsto que eu dormiria em Fortaleza, já que não chegaria a tempo de pegar o voo para a Europa. Na cama do hotel, antes de adormecer pesado, tentei repetir para mim mesmo tudo que dona Ifigênia me falara, pois era o mensageiro e, como ela mesmo dissera, da sua mensagem para Bernie eu não podia esquecer uma única palavra. Mas não consegui ir até o fim – antes de chegar à última frase dela fechei os olhos e adormeci de cansaço.

Acordei no dia seguinte com a tarde já a meio. Só tive tempo de tomar um banho, botar uma roupa limpa e arrumar a mala. Eu sei, a viagem foi curta. Mas sempre viajo com mais coisas do que preciso ou fico perturbado pela ideia fixa de que esqueci alguma coisa que vai me fazer falta. Quando desci Valdecir já estava na recepção do hotel me esperando. Ao vê-lo percebi que surgira um laço entre nós, talvez uma camaradagem entre homens ou o começo de uma amizade, já que vivêramos juntos aquela grande aventura.

Só tive que assinar a fatura, pois Bernie providenciara tudo e a conta já estava paga. Lá fora, antes de entrar no carro, dei mais uma olhada na areia e na água verde-esmeralda da Praia do Futuro, em Fortaleza, na qual estivera algumas vezes e, embora ainda não soubesse disso, não voltaria nunca mais.

No caminho até o aeroporto, agora que estava descansado e mais lúcido, de novo repeti muitas vezes minha conversa com dona Ifigênia ou melhor, o monólogo que ela declamara me veio à mente palavra por palavra. Eu estava empenhado em não esquecer nada. Para isso, durante a viagem de avião, tratei de relembrar cada momento de nossa conversa e a intenção com que ela dissera cada frase.

O carro parou diante do aeroporto. Eu me despedi de Valdecir, com um abraço caloroso. Depois peguei minha mala entrei naquele saguão frio e, sem parar nem olhar para trás tratei de seguir as placas que indicavam o caminho até me ver diante do meu lugar dentro do avião e então sentei e respirei fundo.

Dessa vez não haveria troca de aviões em Lisboa, pois o voo era direto e duraria pouco menos de dez horas. Mal saíssemos de Fortaleza já estaríamos sobre o mar. E assim seguiríamos até o litoral africano, a qual subiríamos com a costa e as montanhas sempre à vista. E, depois de uma hora de viagem sobre o mar Mediterrâneo, estaríamos na Espanha, a seguir a França e afinal Paris onde minha amiga Bernie Piters me aguardava ansiosa, rezando para que eu chegasse com boas novas.

Não dormi, é claro – dormir no avião é um luxo que sempre me foi negado. Por isso e por causa da diferença de fuso horário – cinco horas mais tarde que no Brasil - desembarquei em Paris confuso e todo amassado. Enquanto esperava que minha mala fosse cuspida pela esteira em meio a milhares de outras – rezando, como sempre faço, para que ela não tivesse se extraviado - dei uma olhada nas mensagens do celular: não havia nenhuma de Bernie. Agradeci a Deus por isso. Temia que ela mandasse alguma do tipo: "venha já pra minha casa". Por isso me antecipei e lhe enviei outra na qual dizia que estava morto e ia direto pro meu cafofo onde, sem nem mesmo abrir a mala, mergulharia na minha cama.

Foi o que fiz. No dia seguinte, depois que acordei, tratei de olhar as mensagens no celular, vi que da parte de Bernie ainda não havia nenhuma resposta e comecei a ficar preocupado: será que tinha acontecido alguma coisa com ela? Achei melhor não telefonar. Afinal o marido dela era um executivo do alto escalão da Máfia russa e, quando se lida com uma figura como essa, nunca se sabe qual deve ser nosso grau de visibilidade caso a polícia tenha resolvido tomar alguma atitude. Por isso tomei um banho rápido, comi alguma coisa, botei uma roupa limpa, saí de casa, fui até o ponto de táxi mais próximo, entrei no primeiro da fila e dei o endereço dela mesmo sem saber se lá estaria ou não tudo em ordem.

Quando toquei a campainha no apartamento atrás da Torre Eiffel e a onipresente Marguerite abriu a porta, vi que já estava sobre a mesa as **flütes** e o champanhe. "Madame vai descer daqui a pouco" – ela informou. E o "daqui a pouco" foi rápido feito o relâmpago porque, dez segundos depois, Bernie se materializou na minha frente ali na sala. "Champanhe?" – perguntou. E eu respondi cheio de nojo: "se sentir o cheiro eu vomito". Ela sorriu: "já vi que no avião bebeu todas e mais alguma coisa". E eu: "apenas segui o seu conselho. Bebi não para afogar as mágoas, mas por causa do medo". Já que recusei, serviu-se ela própria e, de taça em punho ordenou, num tom que me lembrou dona Ifigênia: "vamos pro meu quarto." E lá fomos.

A essa altura da nossa amizade o quarto de Bernie era praticamente uma extensão da minha casa. Por isso, depois de percorrer o apartamento inteiro sem ver nenhum dos sinais que indicavam a presença do Dimitri – nem mesmo, atirada num canto qualquer, uma cueca com os fundilhos sujos -, tive certeza de que tinha acontecido alguma coisa: "cadê o bofe?" – Perguntei. E ela disse que naquele momento ele já devia ter chegado em Omsk. "Viajou a serviço?" – aventurei discretamente. Sua resposta veio rápida e certeira: "não, foi visitar a mamushka".

Mas se eles tinham voltado de lá há menos de dez dias! "Não me diga que a velha adoeceu" – perguntei, pensando nas pragas de urubu que ela havia rogado contra a cruel mãe do marido. Mas Bernie disse que não: a mamushka continuava cheia de saúde e disposta a só morrer "depois daquela mulher do ventre seco", ou seja: Bernadete Piters. Portanto, já que a relação dos dois se desgastara tanto após a viagem deles à Rússia ela só podia imaginar uma razão para o súbito retorno de Dimitri à casa da mãe: "ele foi dizer à megera que vai me trocar por outra que possa lhe dar netos, ou seja, que vai me dar um belo de um chute no traseiro".

Seria isso mesmo? Custei a acreditar. Ainda tentei animá-la dizendo alguma coisa em contrário, mas ela se antecipou: "não se preocupe, se isso acontecer já tenho um plano". Fiquei curioso, queria saber qual era, mas ela disse que preferia abordar outros assuntos e tratou de fazê-lo. De modo casual, num tom gentil, pediu-me que falasse sobre a minha viagem: "o avião balançou muito?"

Não sei se já comentei com vocês, mas a garotinha de Quixeramobim, cujos tampos o filho da puta do Cigano arrancara num piscar de olhos, com o passar dos anos se transformara numa dama refinada. Era difícil de acreditar que aquela mulher cheia de classe passara boa parte de sua vida pregressa vagando de puteiro em puteiro. Mesmo assim... Viram só, pelo que escrevi acima, como ela entrou no assunto sem falar dele propriamente? *Dizer sem dizer*: só as grandes damas conseguem fazer isso. Afinal, só viajei para falar com dona Ifigênia porque ela me pediu que o fizesse e assim lhe quebrasse um galho. É claro que estava ansiosa para saber que novidades eu lhe trouxera da viagem. Mas, quando cheguei, sequer me ligou para perguntar alguma coisa. E mesmo agora, quando estamos frente e frente, ela não vai direto ao ponto. Pergunta se o avião tinha balançado muito, se o hotel era bom, se eu dormi bem, se me alimentei propriamente, se transei com o motorista que ela escolhera a dedo num álbum e fotos... "Achei o tal de Valdecir muito gostoso" – ela falou: "tem certeza que não partiu pra cima dele?"

E por aí continuou falando apenas trivialidades, até que não aguentei mais tanta delicadeza e lhe disse de modo curto e grosso:

"Sua mãe disse que, segundo o médico, ela só tem dois meses de vida e antes de morrer precisa vê-la".

Pronto. Falei e disse. Despejei tudo.

Após ouvir isso Bernie ficou a olhar o vazio com um ar de quem não estava mais ali e sim muito distante – perdida nas capoeiras de Quixeramobim, ou então mais distante ainda... Quem sabe em outro planeta? Fiquei quieto a esperar que retornasse dessa longa e exaustiva viagem através sabe-se Deus de que galáxia. Até que ela pareceu aterrissar de volta à terra quando, ainda sem olhar para mim, falou para si mesma:

"O que ela quer é me humilhar, me dizer um monte de desaforos e depois me expulsar de casa de novo".

Mas eu tinha certeza de que não era isso que sua mãe queria e o deixei bem claro: contei o quanto dona Ifigênia chorou e se desesperou, enquanto estive lá, por causa do mal que tinha feito à filha mais nova. E como a certa altura, enquanto ela me implorava que convencesse Bernadete de que se arrependera, eu percebi que não era o câncer o que a consumia e que faria ela morrer em dois meses como lhe dissera o médico – era outra doença, aquela que nos rói por dentro e nos martiriza e nos consome até que só nos restem os ossos: a culpa.

Fui sincero e – acho - também fui convincente. Mas, quando perguntei a Bernie se ela atenderia às súplicas de dona Ifigênia e voltaria ao Brasil, ao Ceará e a Quixeramobim para visitá-la, ela disse vagamente: "prometo que vou pensar sobre isso". E depois de alguns segundos, acrescentou: "antes preciso resolver outro problema". O nome desse problema, eu já sabia: era Dimitri. Então voltamos a ele. "Você acha mesmo que teu homem vai te abandonar, ou só está querendo bancar a mártir?" – eu perguntei. E ela repetiu o quanto ele era ligado à mãe e como, enquanto estavam em Omsk, os olhos dele chegavam a ficar nublados de emoção nas raras vezes em que mamushka era carinhosa com ele: "ela só quer um neto porque sabe que essa é a única coisa que não posso dar ao filho dela!" Sua voz subiu de tom até alcançar a quinta oitava do assim chamado desespero. E então aconteceu uma coisa que eu nunca tinha visto antes nem imaginava possível: Bernie caiu no choro.

"Você ama o Dimitri mais do que devia!" – eu reagi surpreso. E ela respondeu que sim, que o amava e muito mais que isso: era completamente apaixonada por ele, apesar de todo aquele suor, do chulé e do cheiro de azedo. Mas que, por conta de todas as situações extremas pelas quais passara ao longo da vida, podia sobreviver a esse amor e até esquecê-lo. "Você disse que já tem até um plano para isso" - lembrei. Ela confirmou: "não esqueça que tenho um colar de meio milhão de dólares além de outras joias valiosas, este apartamento com vista para a Torre Eiffel, sem contar todos os bens que nunca declarei ao Fisco e estão muito bem escondidos sob a proteção dos bancos suíços".

Isso quer dizer...

"Que não dependo da porra de homem nenhum. E se Dimitri me deixar nunca mais vou querer saber deles. Que se fodam todos! Já tive machos demais na minha vida. Se fizessem uma fila, acho que dava pra chegar, senão ao Ceará, pelo menos a Fernando de Noronha, que é lá pertinho. Não tenho jeito pra coisa, mas sou daquelas que aprendem rápido. Basta encontrar a mulher certa, me apaixonar por ela... E adeus aqueles negócios cabeçudos querendo entrar dentro da gente a todo custo: vou virar sapatona".

"Meu Deus! – pensei com meus botões – Não é só amor, pois o amor é apenas uma leve brisa de verão. Mas esse vendaval todo? Ela está mais apaixonada pelo russo do que eu imaginava". A essa altura Bernie já parara de chorar – até enxugara as lágrimas que ainda lhe corriam pelo rosto com certa raiva por ter fraquejado. E, tentando recobrar a compostura, perguntou: "e o que mais falou aquela velha chantagista?" Eu repeti diante dela tudo que dona Ifigênia me dissera. Mas não vou cansar vocês, que têm ou tiveram mães e sabem que elas, para conseguir o que desejam dos filhos, não hesitam em apelar até para o mais barato dos melodramas. Foi o que fez dona Ifigênia no seu recado à filha, é o que a essa altura deve estar fazendo a mamushka com seu Dimitri lá em Omsk... Portanto, pensem nas histórias de terror que já viveram com suas próprias mães... E depois disso, sob o frio extremo de Paris, sigamos com este nosso inverno escuro.

Marguerite ainda serviu duas garrafas de champanhe. Bebemos os dois e ficamos a contemplar Paris pela janela enquanto a tarde despencava rumo à escuridão lá fora, como se fôssemos dois personagens tardios de Marcel Proust. Quando saí da casa de Bernie a deixei caída no tapete bêbeda e adormecida. Antes fui observar seu rosto de perto e, diante daquela visão, mais uma vez me perguntei: como era possível ter sofrido tanto na vida e ao mesmo tempo ser tão linda? Enquanto ela ainda estava lúcida eu lhe perguntei quando Dimitri voltaria e ela foi vaga: "quem sabe? Daqui a uma semana... Ou talvez nunca!" Melodrama puro, gente: o porão escuro no qual foram trancafiadas todas as emoções humanas e onde nós nos debatemos e nos descabelamos procurando inutilmente uma saída.

Vocês já devem ter percebido que sou escritor por causa do estilo e da elegância que, nesse texto, inutilmente persigo. Vale a pena citar aqui Norman Mailer, um grande escritor americano do século passado. Segundo ele, “a literatura era uma puta velha na qual todos os escritores tentam provocar um orgasmo, mas tudo que conseguem é arrancar da idosa e experiente senhora uma gargalhada irônica”. Esse escritor que aqui escreve no máximo conseguirá fazer na puta velha algumas cócegas. Mesmo assim, continua tentando.

Às voltas com o perfil de um grande financista brasileiro que me fora encomendado pelo editor de uma revista - e que me renderia algum dinheiro e muita dor de cabeça – me tranquei no meu cafofo parisiense e durante uma semana não tive notícias de Bernie. Não que tenha deixado de pensar nela, pois ela era parte importante da minha vida. Mas prazo é prazo, sou um daqueles escritores gatilhos de aluguel, que só escrevem por encomenda e sob a ideia fixa de, no final do trabalho, receber o pagamento. Ou seja, sou um **free lancer**. Então deixei para procurar só Bernie depois de terminar a tarefa que me fora encomendada.

Certa manhã estava eu a galopar já na reta final rumo à palavra FIM no texto sobre o empresário, com o vento gelado que sopra rio Sena acima a entrar pelas frestas das janelas apesar do aquecimento ligado, quando alguém bateu de modo vigoroso à minha porta. Levantei de má vontade, fui ver quem era e – pasmem! – era o segurança ucraniano da festa mafiosa no iate ancorado em frente à Torre Eiffel: lembram dele? Acima de dois metros de altura, um inacreditável pé tamanho quarenta e oito, olhos azuis de assassino serial e cabelos louros como os das espigas do milho florescido às margens do rio Volga ou que diabos se chame o rio principal da Ucrânia...

A última vez que o vira ele acabara de sair pela janela no quarto onde eu dormira e caminhava no ar em direção à Torre Eiffel, porém, antes de chegar lá, se perdera na bruma. E agora estava ali, na minha porta, à minha frente, a me olhar daquele jeito que não me deixou a menor dúvida... Viera me matar! Apavorado até o tutano dos ossos, bati a porta na sua cara.

O problema é que, a não ser nas habitações mais abastadas, as portas das casas em Paris costumam ser muito frágeis e a do meu muquifo não fugia à regra. O ucraniano sabia disso e não se fez de rogado: deu-lhe um tremendo pontapé com seu pezão espantoso que pesava no mínimo cinco quilos e a minha porta, como se fosse tão falsa quanto a de um cenário de novela se desfez em mil pedaços. Lá estávamos de novo frente a frente, o ucraniano a me olhar cheio de ódio, eu apavorado... Até que, esquecido de que ele não falava francês, lhe perguntei nesse idioma: "o que você quer comigo?" E ele respondeu na mesma língua e sem nenhum sinal de sotaque: "de você não quero nada, Deus me livre, sou cristão, prefiro manter distância das aberrações da natureza..." Ele estava falando de mim, gente, aberrações da natureza - para o sujeito que já perdera a conta das pessoas que matara eu era uma delas!

"Pensei que não falava francês", eu lhe disse, tentando, como fazem os ingleses, **to change the subject** e ao mesmo tempo lembrando que na tal festa ele me insultara em russo. A partir daqui vale a pena reproduzir nosso diálogo surrealista: ele: "mas se o francês é a minha língua pátria..." Eu, surpreso: "falam francês na Ucrânia?" Ele: "não, caralho, eu nasci em Toulouse!" A essa altura eu já estava começando a ficar, digamos assim, incentivado por conta do nosso papo. Mas quando tentei dizer mais alguma coisa trivial ele não deixou: soltou um furioso "chega de conversa fiada" e acrescentou: "o Dimitri está lá embaixo". E eu nem sabia que ele tinha voltado de Omsk! O ucraniano de Toulouse prosseguiu: "ele veio falar consigo". Eu: "então porque não sobe?" Ele: "pediu que eu subisse antes pra ver se você não estava fazendo uma suruba com um bando de veados".

É incrível a ideia errada que os heterossexuais, ainda mais os psicopatas e assassinos, têm da vida dessas pessoas que eles chamam de *veados*. É como se estes não fizessem outra coisa além de sacanagem. Não sei se eu era uma exceção à regra. Mas, apesar da minha já mais de meia idade nunca participara de uma suruba e nem mesmo demonstrara alguma vontade de fazê-lo. Paulo Francis, um famoso cronista, jornalista, romancista e o diabo a quatro – famoso até morrer, porque, graças a nossa falta de memória, hoje ninguém mais se lembra dele - disse certa vez que os homossexuais "trabalhavam **full-time**", ou seja, só pensavam em ser enrabados (e este é outro equívoco dos heteros – achar que os homossexuais nunca enrabam).

Porém... Apenas pensar sobre este negócio de enrabação diante de Dimitri já era perigoso. Assim, quando ele entrou no meu apartamento eu já tinha me livrado de todos os pensamentos, digamos assim, impuros. E estava preparado para andar na corda banca sem qualquer proteção lá embaixo.

E por falar em sujo: Dimitri estava imundo. Sabe-se que os moradores de Paris – e da França em geral – não são dados ao vício de tomar banho. Mas Dimitri nem era francês, era russo e, francamente: ele tinha exagerado. Um porco fugido de um chiqueiro medieval não federia tanto. Pensei na icônica frase pronunciada pela Bernie ainda adolescente e ouvida pelo garçom Jean-Pierre no quarto ao lado: **vite cherri, a la douche!** Quase a repeti para Dimitri. Mas não o fiz, pois tive medo de que ele me executasse ali mesmo com o gás de uma saraivada dos seus puns mal cheirosos.

Assim, pela segunda vez naquele dia, como se fosse um diplomata inglês dos tempos coloniais, desconversei: "o ucraniano disse que você queria conversar comigo... Posso saber qual é o assunto?" E aquele homem, capaz de matar alguém com um simples alçar de suas sobrancelhas peludas, caiu sentado no chão e, a choramingar feito uma criança balbuciou: "Bernie não quer mais falar comigo!"

Um urso panda enorme e retardado a chorar feito uma criança pela mãe que se extraviara na sinistra floresta de bambu! Tive vontade de ir abraçá-lo, acarinhá-lo e acalentá-lo... Mas não o fiz porque me conheço e sei que não suportaria o seu mau cheiro. Deixei que chorasse à vontade até que se envergonhasse e parasse com aquela cena horrível. Ele assim o fez. Levantou, me pediu desculpas, disse que talvez fosse melhor ir embora, já que eu não tinha nada a ver com seus problemas... E, fingindo que não estava com sua dignidade em cacos, o príncipe herdeiro do império da máfia russa fechou de novo a cara e caminhou firme em direção à porta. Mas, para evitar que saísse por ela, dei um tiro certeiro e acertei nas suas costas quando murmurei, firme: “ela te ama de paixão, Dimitri”.

Uma breve pausa, eu e o russo imóveis no meio do vácuo... E então ele se voltou e disse: “então, por que ela me expulsou da nossa casa e disse que não quer me ver, mas nem pintado de vermelho?” Eu: “não é pintado de vermelho é de roxo”. Ele: “não entendi”. Eu: “nem precisa. Basta entender que Bernie é a mulher de sua vida, assim como você é o homem dela. E que todos os esforços, meus e seus, devem ser feitos para que continuem juntos, porque é só isso que para os dois vale a pena. A primeira coisa a fazer é ir lá e falar com ela, mesmo que ela não o queira.” Ele: “nós dois juntos?” Eu: “isso mesmo”.

Dimitri resmungou algumas palavras em russo das quais só entendi uma delas: mamushka. E em francês: “antes preciso tomar um banho”. E, ainda na dúvida: “acha que estou fedendo?” Eu, discreto e tentando não tapar o nariz: “talvez, mas só um pouco”.

Enquanto Dimitri usava o meu banheiro exíguo e fazia nele o maior estardalhaço, com o ucraniano ali na porta de vigia a me olhar como se eu fosse a mais recente versão da mutante figura do diabo, eu pensava com os meus botões: por que, depois de ser escorraçado pela “sua” Bernadete, Dimitri viera me procurar em busca de consolo? A resposta logo me veio e era simples: porque ele não poderia se mostrar fraco diante de nenhum dos seus amigos. Para os brucutus da Máfia russa chorar por causa de mulher era absolutamente impróprio – o certo seria estrangular a própria, jogá-la num canal qualquer da periferia de Paris, esquecê-la e arranjar outra que fosse ainda mais peituda. E também porque, depois de ver Bernie e eu tantas vezes a nos divertir na nossa absoluta intimidade ele sabia que, de todas as pessoas a quem ela conhecia, eu seria a única capaz de convencê-la a mudar de ideia e recebê-lo de volta em sua vida e na sua cama.

Eu ainda não conseguira entender por que Bernie o rejeitara. Pelo que pude perceber - e mesmo sem saber o que resultara da visita de Dimitri à mamushka - ele lhe revelara sua intenção de ficar com ela. Nesse caso, por que raios o expulsara de lá de um modo tão radical que o deixara assim desesperado? Isso era ela quem tinha que me dizer e não seu amante russo. E, por falar nele...

Dimitri veio do meu banheiro nu e com tudo à mostra, menos os cabelos que ele enxugava vigorosamente com a toalha. Sei que não devia me deter nos detalhes sórdidos, mas ao vê-lo assim tão disponível, aproveitei para lhe passar um pente fino de cima a baixo e constatei que, desde que o vira nu na última vez, seus pentelhos tinham crescido até se tornarem uma verdadeira mata ruiva. "Tem aí uma cueca que me empreste?" – ele falou. Ao ouvir isso o matador ucraniano, até então imóvel ali na porta feito um daqueles **blackamoor** da **Belle Èpoque** - a diferença é que ele é louro -, voltou-se com um ar de absoluta indignação e soltou um "o senhor vai vestir uma cueca dessa coisa?!" A resposta de Dimitri foi uma bofetada que sequer o abalou, mas a mim faria sair catando cavaco dali até os pés do Arco do Triunfo – uma distância de pelo menos sete quilômetros.

"Se algum dia contar para alguém o que acabou de ouvir eu te mato pessoalmente, te esquartejo e depois saio jogando teus pedaços nos chiqueiros todos de Paris para que os porcos te comam" – ameaçou o pentelhudo chefão mafioso. O psicopata ucraniano apenas disse: "saiu sem querer, Dimitri, por favor, se acalme, me perdoe, me desculpe" (e só de sacanagem acrescento aqui o que ele não disse, que foi: "se for preciso eu lhe chupo")

Sei que não devia, mas não resisto. Por isso, num breve interlúdio, farei aqui uma revelação um tanto bombástica sobre esse brucutu ucraniano autor de vários homicídios. Anos depois, quando essa novela afinal terminara e já éramos todos felizes para sempre (porém cada qual no seu canto), fui – outra vez! – a uma festa de réveillon num iate que fazia um tour com direito a jantar pelo Rio Sena. No final, quando desembarquei, vi que o motorista encarregado de me levar em casa no seu carro tinha simplesmente sumido.

Fazia quatro graus de temperatura, com tendência a baixar mais ainda até chegar ao zero. Táxi em Paris, vocês sabem: mesmo em dias ditos normais seus motoristas fingem que não veem os possíveis passageiros e seguem em frente como se dirigissem a carruagem dourada do deus Apolo. No último dia do ano então, seria impossível conseguir um deles. Fiquei ali parado a olhar os patos que, alheios ao frio, brincavam alegremente de médico com suas patas nas águas do rio, quando uma buzina soou atrás de mim. Voltei-me, vi que de um carro ali parado o motorista me olhava... E o reconheci na hora: sim, meus amados: era o ucraniano, cujo prenome, que afinal me foi revelado por ele mesmo naquela primeira madrugada do novo ano, agora posso divulgar sem nenhum problema: era Bohdan.

"Que é que está fazendo aí?" – Bohdan me perguntou, como se me tivesse visto ainda ontem. "Estou perdido" – respondi. "Se não conseguir um táxi em cinco minutos morro congelado". Ele me perguntou: "será que um carro particular serve?" Foi aí que olhei com mais atenção e constatei que o dele não era apenas um carro – era uma Ferrari preto-flamejante. Bohdan, o ucraniano do pé tamanho quarenta e oito - que muitas vezes me olhara com aquele olhar de quem estava tentando decidir se me assassinar do modo mais cruel possível valeria o esforço - , abriu a porta do carro e eu entrei lá com certa dificuldade – quem já andou numa Ferrari percebeu que não existe carro mais desconfortável, o que significa que ele só é ideal para pessoas a quem batizei de MM, ou seja: masoquistas milionários.

O som do carro tocava Ella Fitzgerald cantando "So in love". E Bohdan sussurrou galante, como se estivesse com Audrey Hepburn ao seu lado e fosse Cary Grant: "nada melhor que começar o ano ouvindo Cole Porter".

Falei para vocês que era apenas um breve interlúdio, mas me alonguei demais – desculpem o entusiasmo. O fato é que já passou da hora de gozar – quer dizer: de chegarmos ao desfecho. Bohdan perguntou para onde eu ia, eu disse que para minha casa. Ele quis saber se o endereço ainda era o mesmo: confirmei.

Saímos a mil, duzentos e cinquenta e sete quilômetros por hora naquela Paris quase deserta, cujas luzes ameaçavam sumir em meio a névoa, sempre ao som da divina Ella – e se Vossa Excelência nunca a ouviu, sinto-me no dever moral de lhe dizer com todas as letras que é porque não passa de um merda analfabeto. Até que ele estacionou diante do meu prédio, quer dizer, não parou apenas, desligou o motor ronronante da Ferrari, gesto que, eu achei, devia significar alguma coisa. "A decoração ainda é a mesma? – Cary Grant perguntou. E Audrey Hepburn respondeu: "por que não sobe e verifica você mesmo?"

Se fosse uma comédia romântica dirigida por Woody Allen este filme terminaria com os dois, de mãos dadas, entrando no prédio ao som de Ella Fitzgerald agora a pleno. E a CAM desviaria para uma geral daquela Paris enevoada, subiria para seus telhados ancestrais e iria buscar, ao fundo, a Torre Eiffel com todas as suas luzes a tremelicar triunfalmente até que surgisse sobre essa imagem o tradicional **The End**.

Sim, seria assim caso fosse um filme. Porém, mesmo sendo madrugada de um dia primeiro de janeiro com Paris a zero graus a essa altura, é da vida real que estamos falando. Então, o que aconteceu é que eu e Bohdan, o psicopata ucraniano, tomamos uma última garrafa de Perrier Jouet que eu guardara na geladeira e depois ficamos nus – com o aquecedor ligado, é claro - e transamos até o o meio-dia, quando Cary Grant vestiu o seu smoking essencial, foi embora e Audrey Hepburn – coitadinha - nunca mais o viu de novo... A não ser nos seus pensamentos impuros.

Agora voltemos a este presente em que Bohdan, ainda sem nome e ainda homofóbico (doença da qual, agora vocês já sabem, ele se curou no futuro) acabou de levar uma porrada na cara certeiramente aplicada pelo seu patrão Dimitri. Saí correndo para buscar a cueca que este me pedira e voltei correndo de novo com uma que então a gente chamava de *Zaza*, era o equivalente ao biquíni fio dental que as mulheres usam hoje – porém ainda mais ínfima - e a preferida dos gays pintosos daquela época entre os quais eu me enquadrava, aliás, com muito orgulho, pois nos considerávamos libertários.

Quando a exibi, o ucraniano permaneceu impassível. Mas Dimitri reagiu como se estivesse diante do cadáver de um elefante morto há duas semanas pelo menos. "Você quer que eu vista essa merda?" – ele perguntou. E eu respondi: "querer eu não quero. Mas você me pediu uma cueca emprestada e eu só tenho dessas". Por um instante Dimitri ficou a olhar para a *Zaza* meio que fascinado e achei que ele não resistiria à possibilidade de experimentar *aquilo*. Mas Bohdan estava presente. E a não ser que o matasse ali mesmo, ele seria uma testemunha viva desse especialíssimo evento. Por isso recuou: "detesto andar sem cueca, as coisas ficam balançando. Mas isso daí não é cueca, é calcinha e eu não visto nem morto".

Depois que tudo se resolveu, quando relatei essa história da *Zaza* a Bernie ela enlouqueceu de desejo. Qual desejo? O de ver o corpo de sapo gordo e albino do seu amado metido dentro *daquilo*. Como sempre conseguia que ele fizesse o que ela queria, deixo aqui a pergunta: será que ela conseguiu também isso? Saberemos só mais tarde, pois se nos aventurarmos de novo pelas trilhas paralelas chegaremos com atraso ao fim da história principal cuja premissa básica é: Bernie e Dimitri foram ou não felizes para sempre?

Tive que rebolar muito para convencê-la a receber Dimitri. Ele ficou lá embaixo na portaria do prédio enquanto no apartamento dela, com Marguerite a nos empanturrar de caviar e champanhe, eu repetia pela enésima vez a Bernie o quanto ele a amava. E ela respondia que disso já sabia, que não era nenhuma novidade, assim como também sabia que ele dissera à mamushka que ia pedi-la em casamento e que, se a velha não gostasse, que se foda. “Mas então, se de certa forma ele até renegou a mãe para ficar contigo, qual é o problema?” E Bernie explicou: “é que ele pode ter uma recaída. Basta a velha ligar e dizer que está morrendo e ele volta atrás no que lhe disse sobre casar comigo... Não quero ficar andando pra frente e pra trás feito couro de pica!” (meu Deus, que linguagem chula... Imagino em que puteiro de beira de estrada ela aprendeu isso)!

“Por falar em estar morrendo” – aproveitei a ocasião para nos desviar um pouco do assunto: “quando é que vai botar sua cabeça no lugar, pegar um avião pro Ceará e visitar sua própria mamushka, ou seja, dona Ifigênia? Ela, irônica: “agora virou o advogado das mães sofredoras?” E eu: “então voltemos a Dimitri. Ele está desesperado lá embaixo. Nem devia contar isso, mas o coitado desabou no chão e chorou feito uma criança, caiu no maior pranto lá em casa. Está totalmente descontrolado! Quando souber que você continua decidida a nunca mais falar com ele, Deus sabe como vai reagir. E se ele sair por aí matando todo mundo? Sem falar que pode subir na marra, invadir tua casa e quebrar tudo, inclusive o teu pescoço! Não esqueça que ele não é qualquer um, - é o príncipe herdeiro, o Darth Vader do Tenebroso Império da Máfia Russa!"

O Poder e a Glória: ser a primeira dama da Máfia Russa, neste mundo de mafiosos de todo tipo no qual vivemos, não era para qualquer mulher. Tenho certeza de que Bernie pensou nesse detalhe quando eu ressaltei qual seria o glorioso futuro do seu agora candidato a marido: comandar o mais poderoso de todos os impérios criminosos do universo à exceção daquele que, para felicidade dos brasileiros, foi desbaratado – pelo menos por enquanto – e que ficou conhecido como o Lava-Jato.

Além de morrer de tesão pelo russo, coisa que ela nunca negou nem mesmo nos momentos em que esteve mais revoltada com ele, se o perdoasse e depois aceitasse o seu pedido de casamento, a ex-menina de Quixeramobim cujos tampos tinham sido tirados em meio aos mandacarus por um elemento conhecido pela alcunha de O Cigano, ela, a ex-Bernadete Maria da Conceição, agora a sofisticada cidadã francesa Bernie Piters, se tornaria uma das mulheres mais poderosas do mundo e - puta-que-pariu - isso não seria nada pouco. Mas nem essa possibilidade a demoveu. Por isso precisei insistir por mais uma hora – e enchê-la de champanhe até os gorgomilos – para que ela afinal cedesse: "vai lá embaixo e diz aquele filho-da-mãe pra subir e vir falar comigo".

Dimitri entrou como se fosse um lulu da Pomerânia que tivesse acabado de escapar de uma chuva bíblica, ou seja: com o que ainda lhe restara de rabo entre as pernas. Porém, mal olhou para a sua Bernie ali parada feito a Rainha da Cocada Roxa, assumiu sua persona de novo. "Fora daqui vocês todos!" – disse para Marguerite e para mim, já esquecido de que, um bom par de horas antes, quase experimentara minha *Zaza* mínima na qual não caberiam nem seus ovos. Ainda tive a perigosa ousadia de lhe lançar um olhar de desdém e depois peguei no braço da pobre Dama das Camélias e a levei para a cozinha. Lá, tentamos em vão ouvir o que os dois falavam, mas não conseguimos porque dois minutos depois eles saíram na maior correria para o quarto e lá se trancaram.

Lembrem-se: Dimitri estava ali para convencer a mulher de sua vida a aceitá-lo de novo, o que incluía até um pedido de casamento. Mas ela estava irredutível, já lhe dissera não e não mil vezes. Portanto, ficaram os dois nesse chove-não-molha durante mais de duas horas. Se ouvimos algum ruído vindo lá do quarto? Sim, ouvimos. Alguns, uns gritos e sussurros de ambas as partes, até me pareceram bem suspeitos. Mas, tolinho que era, não ousei imaginar o que os originava e disse para mim mesmo que podia ser apenas uma discussão acalorada. Então lá fiquei quieto, primeiro com Marguerite, que logo foi cuidar da janta e me deixou sozinho e cada vez mais ansioso.

Até que ouvi o som da porta do quarto que se abria e logo depois, já na sala, a voz maviosa de Bernie Piters, que me chamou toda feliz da vida: "chega aqui, Aguinaldo querido!" Bati minhas longas asas de cisne e saí voando em direção àquele chamado de Leda (não sabe quem é? Porra, digite "Leda e o Cisne" no Google!). E quando entrei na sala, lá estava Bernie só de calcinhas e Dimitri de novo sem nada além de sua floresta siberiana de pentelhos ruivos, os dois apenas sorrisos e tapinhas carinhosas um no outro. E ela me disse, com sua voz de canária no cio:

"Dimitri me pediu em casamento, eu aceitei e de você não exigimos nada menos que seja nosso padrinho e entre na igreja de braços dados comigo".

Horas depois, quando Dimitri saiu para cumprir suas tarefas diárias de chefão mafioso - as quais, se tivesse sorte, incluiriam um ou dois assassinatos - perguntei a Bernie como ele a convenceu a aceitar o pedido de casamento e ela me disse: "foi simples, meu querido, ele botou aquele pau enorme pra fora, balançou e pronto".

Mas... Havia outras novidades que resultariam num certo atraso na cerimônia do casamento. Pois antes, Bernie disse com a cara mais deslavada, ela teria que pedir à sua querida mamãe que abençoasse a união dos dois. E para isso precisaria fazer a travessia do Atlântico até Fortaleza e depois à cidade de Quixeramobim lá no sertão mais profundo... "e meu noivo não abre mão de ir até lá comigo".

Esta, sem dúvida, era uma novidade brutal, mas por favor, parem já, não se espantem ainda, porque havia mais outra: Bernie e Dimitri decidiram que ele usaria o seu prodigioso pau numa daquelas nepalesas tão férteis que eram capazes de produzir até três safras de filhos por ano. E, se a sua semente nela germinasse, seria retirada e depois colocada o mais delicadamente possível no precioso útero de Bernie que assim, no que chamavam de barriga de aluguel, teria um filho do marido. Pode haver história de amor mais bonita, me digam? E olhem que estamos falando de uma mulher que durante anos vagou de puteiro em puteiro e de um homem capaz dos maiores crimes e que tinha toda uma fileira de cadáveres no seu currículo! Ou seja: a moral dessa história é que o verdadeiro amor, por ser sagrado, redime tudo.

A travessia do Atlântico foi num avião particular que o (ainda) Poderoso Chefão da Máfia russa emprestou a Dimitri, aquele que seria o seu herdeiro presuntivo. A aeromoça, escolhida na última hora – inclusive com a aprovação de Bernie, que a selecionou num arquivo de fotos - era uma virgem nepalesa saltitante e catita com a qual a certa altura Dimitri se trancou no banheiro do avião, onde os dois ficaram durante mais de uma hora na certa discutindo o significado da vida, **in my opinion**, discussão essa muito acalorada a julgar pelos gritos de pavor da jovem. Enquanto isso, sentada em sua poltrona, Bernie bebeu apenas água mineral sem gás, pois já estava se preparando para o período de nove meses de abstinência quando ficasse grávida.

A grande surpresa dessa viagem foi a paixão que Dimitri sentiu pelo Nordeste brasileiro, região que era o extremo oposto das estepes russas nas quais nascera e se criara. Jerusa se escondeu dele o tempo todo, ainda mais quando ele começou a olhar para ela, como ela comentou depois, "de um jeito meio engraçado". Dona Ifigênia disse dele o que eu já sabia: que "parecia um sapo gordo e falava de um jeito horrível", mas o aprovou e abençoou o casamento dos dois. Segundo eu soube depois ela declarou com a maior cara de pau à sua vizinha – que não era tão vizinha assim, pois morava a uns dez quilômetros de distância – que sua filha Bernadete Maria da Conceição não só se casara muito bem, como também casara virgem.

E o encontro em particular das duas, após tantos anos de ressentimentos, como foi? Bernie me contou depois: elas se ofenderam, chamaram uma à outra de "sua puta" se esbofetearam, se rasgaram, se atracaram e rolaram pelo chão, quase mataram uma à outra até que, de repente e sem mais nem menos, Bernadete gritou: mamãe! E dona Ifigênia respondeu com um grito maior ainda: minha filha! E durante uma tarde inteira as duas se abraçaram e choraram, e prometeram mutuamente esquecer todos os agravos do passado e mil vezes amaldiçoaram o cigano Ivan que as tinha separado... "Que ele morra de sífilis na língua!" – praguejou dona Ifigênia, talvez lembrando do tipo de coisas que ele com a fazia com a própria para deixar as mulheres loucas.

Foi o que um analista de formação lacaniana chamaria de "um encontro catártico". E quando elas se mostraram de novo a Dimitri, Jerusa e o motorista Valdecir que as esperavam lá fora já eram mãe e filha e unha-e-carne de novo, como se não tivessem desejado a morte uma da outra durante anos.

Tudo está bem quando acaba bem – já dizia Shakespeare. E eu, com toda a humildade possível, concordo inteiramente com o bardo de quem os críticos tanto falam, mas sobre o qual conhecem pouco. Então, para que terminemos bem, vamos concluir com uma festa de casamento. Infelizmente dona Ifigênia não pôde comparecer. Primeiro porque a travessia do Atlântico, àquela altura de sua vida, seria muito arriscada para ela. E segundo, porque ela cumpriu fielmente a profecia do médico segundo a qual morreria em dois meses. E bateu a caçoleta exatos sessenta dias após a visita de sua recém e agora eternamente querida filha. Mas, antes de morrer, ditou para Jerusa a carta que Bernie recebeu em Paris dias depois, na qual anunciava que sua morte seria dali a uma semana e lhe pedia que não adiasse o casamento por causa disso, "pois, minha filha, casamento, ainda mais com um homem rico, é garantia de vida".

Tive que dar uma fugida até o **Les deux Magots** ali em frente e tomar dois conhaques antes de me atrever a entrar na igreja de Saint Germain, ao som da marcha nupcial e de braço com a noiva. Não que minhas pernas parassem de tremer ou meu queixo deixasse de bater por causa do álcool, ainda mais depois que, no meio dos curiosos postados à porta da igreja, tenho certeza que vi o garçom Jean-Pierre e sua eterna cicatriz no rosto agora um senhor de cabelos brancos, barriga proeminente e óculos de lentes grossas, a espreitar a nossa entrada. "Isso está ficando cada vez mais em família" – pensei, quando a mamushka, que viera para o casamento do filho e eu conhecera um dia antes, adentrou o recinto da igreja com um vestido monumental e um chapéu de plumas que pareciam ter saído do baú de alguma personagem dos romances russos insuportavelmente chatos (mas essenciais à nossa cultura) do século XIX.

Dimitri, que perdera dez quilos por ordem expressa de Bernie e estava elegantíssimo, lá do altar acompanhava nossa caminhada embevecido, porém, não sejam maldosos, não alimentei nenhuma fantasia por causa disso – sabia muito bem que não era eu a noiva.

Foi um casamento lindo. Claro, mamushka a certa altura tentou roubar o **show** e começou a rezar em voz alta e em russo. Mas parou com sua exibição de histrionismo depois que o chefão da Máfia russa, sentado ao lado dela com a esposa, discretamente cochichou alguma coisa no seu ouvido. Bernie chorou, Dimitri chorou, eu chorei, o padre chorou, mamushka derramou algumas lágrimas de crocodilo... Na verdade, todo mundo chorou - até o psicopata ucraniano cujo nome eu não sabia, pois ele ainda não tinha dormido comigo. E no final, como acontece em todo casamento russo nos filmes, nós cantamos **Otchtornia**, aquela canção que aí no Brasil chamamos de "Olhos Negros".

A festa depois do casamento – ou o "copo d'água", como dizem os portugueses – foi (caramba, de novo? Acho que estou me repetindo) num iate ancorado diante da Torre Eiffel, no rio Sena... E é claro que lá aconteceu de tudo, incluindo a tentativa de mamushka, depois de beber duas dezenas de taças de champanhe - antes de passar para a vodka – de dançar à maneira dos cossacos russos. Ela só desistiu depois que o chefão da Máfia russa foi até ela e de novo cochichou provavelmente a mesma coisa de antes no seu ouvido. Daí para a frente ela se aquietou, ao contrário dos seus conterrâneos, que iam ficando cada vez mais bêbedos e agitados, até começar com aquele costume dos homens russos de beijarem a boca uns dos outros. Bernie e Dimitri, não sei por que, a certa altura fizeram o que também deve ser costume num casamento russo: dançaram a valsa, interrompida quando ele, sem querer, deu-lhe uma pisada tão forte no pé que lhe quebrou o salto do sapato.

Choro, risadas, ranger de dentes, discussões, alguma troca de sopapos e socos, uma faca que alguém sacou e que riscou o ar feito um relâmpago antes que seu dono fosse jogado no rio e saísse nadando em meio aos patos... Enfim, aquele foi um casamento perfeito, pois teve de tudo. Meio sorumbático no meu canto, eu pensava por que Deus não providenciara para que eu tivesse direito a uma festa igual àquela - um casamento de preferência com um homem tão rico, poderoso e viril quanto Dimitri Stepanov... Mas que, diferente deste, fosse gay assumido. Tudo bem, vocês que me leem dirão que bebi demais e estou exagerando no romantismo. Mas eu responderei que sonhar não é proibido, não é mesmo? Ainda mais quando se sonha com um marido.

Porém, continuemos com a festa, agora já no momento muito delicado em que, depois de toda aquela bebedeira, tudo podia desandar a qualquer momento. Depois que eu consumira todo aquele champanhe as pessoas já não andavam mais diante de mim – elas flutuavam, ou melhor, deslizavam no céu de Paris como se fossem nuvens. Bêbedo feito um gambá, mas ainda impecável no meu smoking, eu estava num estado bem próximo da beatitude. De vez em quando pousava meu olhar nos recém-casadas para me certificar de que eles continuavam felizes. E, ao confirmar isso, também me sentia feliz, pois sabia que tinha sido um pouquinho responsável por toda aquela felicidade. Sim, naquele momento vivíamos todos no melhor dos mundos.

Porém...

A certa altura percebi que os dois me olhavam - ele de modo soturno e ela dando risadas. E é claro que fiquei cismado. Disfarcei, fui até o banheiro, dei um jeito de me examinar todo, vi que não estava sujo, nem tinha um rabo de papel preso à traseira do meu smoking, ou seja, comigo não havia nada errado. Quando saí do banheiro, Bernie vinha chegando à porta do **toillete** das damas, agora descalça por causa do salto quebrado. Aproveitei e lhe perguntei, meio mal humorado: "por que Dimitri me olhava daquele jeito esquisito enquanto você gozava com a minha cara?" Ela caiu na risada de novo: "porque eu contei pra ele que mandava você pegar no negócio dele quando a gente ia pra cama juntos e ele adormecia bêbedo". Fiquei muito assustado: "você deixou bem claro que sempre me recusei a fazer isso, não foi?" Ela disse que sim e eu insisti: "e como foi que ele reagiu?" Bernie: "não falou mais nada, só ficou te olhando".

Já de manhã, ainda com alguns convidados da festa, adormecidos de bêbedos, espalhados por todo lado, os assim chamados nubentes saíram do iate direto para o aeroporto, onde pegaram o jatinho particular do chefão mafioso e seguiram para a lua de mel em Capri. Alguém que não fora convidada para a festa, mas vinha recebendo tratamento de princesa, a essa altura dormia o sono dos justos, tranquilos e com a vida garantida numa suíte do Plaza Athenée sob os permanentes cuidados de um médico e quatro enfermeiras: era a aeromoça nepalesa que, durante o voo para Fortaleza e sob a discreta supervisão de sua agora esposa, Dimitri engravidara.

Nos meses seguintes deixei de ver o casal e de acompanhar de perto tudo que acontecia com eles. Não porque não quisesse ou eles tivessem se afastado de mim. Mas porque, gatilho de aluguel que era, assinara um contrato para escrever a biografia de uma senhora que herdara a fortuna de cada um dos seus cinco maridos – todos eles mortos em circunstâncias suspeitas, diga-se de passagem. O contrato me obrigava a uma permanência de no mínimo seis meses em companhia da referida senhora na sua propriedade de muitíssimos metros quadrados na Toscana, com direito a compartilhar com ela todas as mordomias típicas de quem é podre de rica, o que - vocês hão de concordar comigo - não seria nenhum sacrifício.

Mas o livro não vingou. A certa altura percebi que a tal senhora queria se aproveitar de mim para - contra todas as evidências - contar sua própria versão oficial dos fatos. Segundo ela os maridos tinham morrido todos por acidente e não assassinados por sabe-se lá que mãos criminosas. Quando mais ela repetia essa história, mas eu dela discordava. Por isso pedi a ela que me liberasse dessa missão espinhosa. Ela assim o fez, mas pelo menos foi generosa, pois me pagou integralmente o que fora combinado. Jurei guardar segredo sobre tudo que ouvira – ou só imaginara, ou apenas concluíra – durante as sessões de entrevistas. Mas, ficcionista que sou, não resisti e, anos depois, escrevi um conto sobre minha experiência com ela, aliás, incluído neste livro sob o título: *"Acertem na Loira"*.

Cheio da grana, resolvi prosseguir com minha temporada na Toscana e aluguei uma casinha minúscula, no topo de uma colina, numa aldeia chamada Montepulciano. Foi, como diria um ator de novela quando entrevistado sobre o seu último trabalho, "uma experiência incrível e enriquecedora". Aquele por de sol que se repetia há séculos como se fosse sempre o mesmo dia do mesmo ano... Os camponeses que vendiam na feira da piazza aqueles pêssegos carnosos que deviam ter sido colhidos há milênios e continuavam frescos... E os moradores da cidade, todos com cara de quem, desde os tempos do império romano, eram sempre os mesmos.

Sim, meus queridos, a Toscana é um paraíso, podem apostar nisso. O problema é que, se você já teve Bernie e Dimitri em Paris não se conforma com menos. Depois de todos os dias fazer sempre a mesma coisa na minha aldeia toscana decidi ir embora de lá no dia em que recebi nos correios a mensagem de Bernie anunciando que tivera um filho homem e que não abria mão da minha presença no dia do seu batismo.

Subi de carro até Milão e de lá peguei um voo de volta. E, quando eu escrevo "de volta", não vou acrescentar "para o Rio de Janeiro", pois voei rumo a Paris, mesmo. Cheguei, deixei a bagagem no meu cafofo - que a essa altura estava todo empoeirado – e segui direto para a casa de Bernie. Notaram que não escrevi "apartamento" e sim, "casa? Esse detalhe é importante, por isso deixem-me atualizá-los. Enquanto eu estava ausente (o que me livrava de qualquer suspeita) alguém cortou o pescoço do chefão da Máfia Russa no banheiro da Maison de Madame Simone, uma cafetina famosa cujos negócios estavam sediados numa propriedade rural nos arredores de Versalhes.

Isso gerou a confusão que podem imaginar – todos os membros da corte de alguma forma se acham no direito de suceder um rei quando ele morre. Mas Dimitri sempre fora o preferido do finado e tratou de provar isso tirando de jogada todos os outros pretendentes, o que resultou numa briga na hierarquia da Máfia Russa durante a qual ocorreram muitas mortes. Até que no final, depois de afastar todos os seus rivais de um modo ou de outro, nosso herói pôde afinal sentar o traseiro gordo e apetitoso no seu trono manchado de sangue.

Então, agora ele, Bernie e o novo príncipe herdeiro não moravam mais no apartamento dela ali atrás da Torre Eiffel, mas sim, num andar inteiro de vinte cômodos com piscina e heliporto no terraço de um daqueles prédios históricos da Place Vendôme. Bernie me recebeu à beira da piscina, com seu herdeiro dentro de um berço digno de figurar na sala das relíquias dos faraós egípcios lá no Louvre. Depois dos abraços e beijos que trocamos, ela descobriu o bebê e me perguntou, apontando o pinto dele: "o que acha?" E eu, sem me deixar possuir pela menor sombra de dúvida, respondi: "dá pra perceber que é filho do Dimitri". Dei-me conta de que ainda não sabia o nome da criança, mas antes que lhe perguntasse ela se antecipou: "o nome dele é Vladimir. Significa "senhor da paz" em russo e era o nome do pai do Dimitri".

De repente fiquei tão emocionado que me deu vontade de chorar. Pensei em tudo que já vivera com Bernie, o quanto ela sempre fora calorosa e gentil comigo e concluí que ela merecia tudo – Dimitri, Vladimir, Paris e, dentro desta, aquela Maison nababesca na Place Vendôme, enfim, toda a felicidade do mundo. Sim, enquanto estava fora de Paris senti muitas saudades dela. E percebi que ela também sentira de mim quando me disse: "seu filho da puta, nunca mais na porra da sua vida me deixe, pois eu não conseguiria mais viver sem você e o Dimitri!"

Ah, era tão bom estar de volta, ver minha amiga, seu filho e o marido dela que chegou pouco depois e, de modo surpreendente - mas, lembrem-se, sem maldade nenhuma, apenas à maneira dos russos - deu o maior beijo na minha boca e, discretamente, chegou a inspecionar minhas obturações com sua própria língua. Éramos de novo uma família unida e agora acrescida de um recém-nascido. E é claro que seríamos felizes para sempre. Ninguém, nem mesmo os chineses, com essa mania esquisita de querer dominar o mundo, nos tirariam esse direito.

O batizado de Vladimir foi rico de acontecimentos nos quais não vou me deter, pois já passou da hora de ir pra cama e é lá que termina esta narrativa. Só vou dizer que a mamushka chegou mesmo sem ter sido convidada e deu o maior escândalo ao ver o neto, pois concluiu que ele "puxara à mãe e era africano como todos os brasileiros". Bernie ficou puta. Mas como só o pessoal da Máfia ali presente entendia russo, achou melhor relevar o ataque de pelanca da mãe do seu marido e deixar por isso mesmo. Dessa vez não fui o padrinho. Bernie até me sondou sobre isso, mas eu lembrei a ela que Dimitri agora era o chefão da Máfia russa, ou seja, um dos homens mais importantes da Europa e precisava escolher alguém de absoluta relevância para apadrinhar seu filho. O escolhido foi um poderoso empresário americano, um homem enorme, com uma touceira loura na cabeça em vez de cabelos, cheio de pancake na cara e que lembrava um boneco de mamulengo. Anos depois aquela figura exótica foi candidato à presidência do seu país, porém, se ele ganhou ou não, acho que não vem ao caso, ainda mais neste nosso feliz momento.

A festa de batizado não fugiu à tradição da Máfia russa: terminou em bebedeira e briga é claro, mas, pelo menos com o bebê já recolhido aos seus aposentos. Bernie agora bebia menos, talvez por conta da responsabilidade de cuidar do filho – embora tivesse várias babás que pareciam fadinhas esvoaçantes ela jamais deixaria de fazer isso. Já Dimitri era o que sempre fora: bebeu até dançar a balalaika como se fosse um verdadeiro cossaco daquelas remotas estepes onde um dia ele nascera - uma trágica fatalidade, aliás, que de modo brilhante superara.

Sentado num lugar privilegiado eu cumpria meu papel naquela corte com a maior eficiência possível. Tentava prever o futuro, mesmo sabendo que ele só a Deus pertence e ao mesmo tempo acertar algumas contas com o passado. Para isso fui buscar neste algumas figuras. O que acontecera com elas? Vejamos: de Ivan, o terrível Cigano, ninguém nunca mais ouviu falar – deve ter encontrado seu destino, na ponta de um punhal, numa qualquer encruzilhada. Jerusa, depois que dona Ifigênia morreu, recusou todo os apelos de Bernie para que fosse morar com ela. A certa altura, para encerrar o assunto, escreveu numa de suas missivas que lá no seu sítio já tinha horizontes demais diante do seu casebre e Paris ia lhe parecer muito pequena. Jean-Pierre continuou a trabalhar nos cafés de Paris até sucumbir à gota e às varizes e passar a viver da sempre generosa aposentadoria francesa. A nepalesa em cujo ventre Vladimir foi gerado virou uma famosa desenhista de modas e, secretamente apadrinhada por Dimitri - a quem nunca mais viu -, acabou por ter sua própria Maison numa rua elegante. Bernie, diga-se de passagem, é sua freguesa. E leva sempre o bebê consigo quando vai lá provar suas roupas.

Igualmente apadrinhado pelo chefão, o **meu** psicopata ucraniano de pé tamanho quarenta e oito cujo nome já sabemos – não é Cary Grant, criatura lerda, é Bohdan! – galgou postos na hierarquia até ter dinheiro para comprar sua Ferrari na qual, num certo dia primeiro de janeiro, me deu uma carona memorável. Maguerite, que não era Gauthier, mas mereceu da minha parte o apelido de Dama das Camélias, foi fiel à sua patroa até que se aposentou e foi criar e engordar gansos no sítio que comprara secretamente lá na Provence. E quanto a mim, um escritor não mais que mediano: o que seria do meu futuro? **Un effort de plus**, queridos, mais um esforço e já saberemos.

Depois que a festa terminou e os convidados todos foram embora – inclusive a mamushka, despachada para uma suíte no Ritz - foi nossa vez de continuar bebendo – Bernie sempre com moderação, eu e Dimitri loucamente. Para nós três tinha sido um dia absurdamente feliz e dissemos isso um ao outro. Bêbedo como estava, não percebi o modo como Dimitri de vez em quando me olhava, por isso não detectei os sinais de fumaça – quer dizer, de perigo. Para lembrar os velhos tempos, fizemos como antigamente fazíamos: fomos para a cama do casal, que só de largura tinha uns cinco metros, com a intenção de dormir nus, juntos e embolados. Lá, ainda bebemos mais e conversamos muito, Dimitri agora se comportando como o rei que era e aproveitando aqueles raros e preciosos instantes de descontração e repouso.

Até que...

Eu sei, leitores queridos, já passou da hora de cantar pra subir e escrever a palavra FIM na última linha dessa narrativa. Mas antes de chegar lá, deixem que eu esclareça um detalhe: tudo que aqui narrei, por mais absurdo que lhes pareça, é a mais pura verdade. O problema é que sou um escritor, ou seja, um ficcionista, o que significa que vejo a realidade com outros óculos. Aos meus olhos ela sempre tem um brilho especial que em geral se reflete nas pessoas que a povoam. Por isso, a história da minha amiga Bernie Piters and company, aqui relatada por mim, talvez lhes pareça, sei lá, um tom acima, para não dizer coisa pior: uma sequência de mentiras que tentei, com certo desespero, transformar em verdades. Mas não se iludam, tudo aconteceu como aqui contei, inclusive o final que será o próximo passo e que na verdade não é um final, apenas uma breve pausa antes do sono, pois a memória é sem fim e a vida nunca acaba.

Não sei como nem quando, mas o fato é que dormimos. Mais do que Dimitri e Bernie, mergulhei numa espécie de limbo. Se, depois de toda aquela bebida, ainda estivesse bastante lúcido para dizer como me sentia, eu diria que era como se fosse a última nuvem a flutuar, feito um floco de algodão, naquele céu cinzento de final do inverno parisiense. Sim, lá estava eu, uma singela nuvem deslizando em direção ao horizonte quando, de repente, alguma coisa me oprimiu o peito.

"Seriam gazes?" - pensei enquanto gastava minhas últimas forças na tarefa de abrir os olhos. Mas, quando o consegui, vi que não eram gazes – era Dimitri cuja mão, de dedos grossos feito salsichas de Frankfurt, pressionava meu peito. Com o lençol a cobri-lo até o umbigo, apoiado sob um dos cotovelos, ele me apreciava com seu olhar cruel de chefão da máfia russa, de cossaco e de assassino. Ao vê-lo assim, a me velar em pleno sono, achei que ele afinal decidira fazer de mim o que na sua mente criminosa há muito eu merecia: ser sua próxima vítima.

Ficamos ali pelo que me pareceu uma eternidade: Bernie a dormir o sono dos plácidos e inocentes, eu com o terror a me saltar dos olhos e Dimitri me observando como se pela última vez me visse com vida. Achei que devia rezar naquele instante que seria o meu último. Porém, pagão que era... Rezar? Não consegui me lembrar como é que se fazia isso. Foi quando Dimitri afastou de si o lençol, mostrou-se por inteiro e eu vi que naquele momento, de todos os paus que povoavam o universo, o dele era o mais duro.

"É assim que reagem os assassinos ao colher o último suspiro de suas vítimas?" – pensei comigo mesmo. Mas estava errado. O que estava prestes a acontecer ali era muito mais radical que um puro, limpo e simples homicídio. Tive certeza disso quando Dimitri debruçou-se um pouco mais sobre mim, pegou na minha mão e tão suave como nunca fora antes (pelo menos não comigo) - a levou ao endereço certo enquanto sussurrava o seu abre-te Sésamo especialíssimo:

"Pega!"

Este foi o sinal para que a poderosa luz da santidade absoluta refulgisse sobre nossas cabeças abençoadas (como diria o profeta que chegou atrasado pra reunião de pauta e não conseguiu incluir seu texto na Bíblia). Naquele momento nossa trindade começava a se tornar uma única pessoa. Fechei meus olhos e fiz o que Dimitri ordenara:

"Sim, eu pego!"

No último segundo antes desse clímax ainda olhei para Bernie, vi que ela acordara e, com um sorriso beatífico no rosto, observava meu íntimo colóquio com seu marido e pai do seu filho. Ao toque da minha mão o pau de Dimitri pulsou e se esvaiu. E ao mesmo tempo, como se o universo nos abençoasse, fez-se a luz, o dia radioso amanheceu lá fora e mostrou-se através da janela.

Bernie nos abraçou e ficamos os três finalmente unidos, tranquilos e felizes depois de todas essas longas estações de desventuras. E dessa forma deu-se outra vez o milagre da natureza: depois do verão, o outono e o inverno nos quais sobrevivemos a duras penas nasceu de novo sobre nós a sempre abençoada primavera.

(2020)

FIM

A BELA DO AROUCHE

Ela se chamava Bela, embora não o fosse. Mas era assim que se apresentava aos que a abordavam no Bar do Arouche e ganhavam a sua simpatia. Desde o primeiro dia em que lá fui e a vi eu me tornei um deles. “Gosto de você porque me ouve” ela dizia. Mas era impossível não ouvi-la. Todos os frequentadores do bar acabavam por fazê-lo, já que, depois do quarto chope, ela desandava a falar de si mesma. E enquanto tomava do quinto ao oitavo só a sua voz se ouvia.

E as coisas que ela dizia... Que nascera na Mooca, mas foi expulsa de lá aos treze anos depois de se apaixonar por um homem casado. Que vivera com um marinheiro, até o dia em que o navio dele saíra numa viagem de volta ao mundo e nunca mais voltara nem dera notícias. Que tinha dois filhos, mas eles foram levados pela avó e agora viviam com esta em Pindamonhangaba. Que tinham lhe oferecido um emprego em Nova Iorque, mas o rejeitara, pois não conseguiria viver longe de São Paulo. Que às vezes tinha vontade de matar alguém, só pra ver a sensação que isso lhe daria.

Bela falava como ninguém até chegar ao décimo chope, quando então se voltava contra os que a ouviam e lhes dirigia insultos. E então saía do Bar do Arouche, atravessava a praça, seguia rumo à esquina da Vieira de Carvalho e, como num passe de mágica, lá sumia. Ninguém nunca descobriu onde morava, nem sequer para onde ia. Ela não dava notícias às vezes por mais de uma semana. Mas sempre reaparecia para consumir sua fieira de chopes e repetir o que ela chamava de "minha história de vida".

Um dia o balconista do bar, um paraibano cuja paciência com os clientes bêbados a certa altura da noite sempre se esgotava, depois de ouvir Bela desfiar pela enésima vez seu rosário de histórias debruçou-se sobre o balcão e disse pra mim: "é tudo mentira". E então eu me perguntei: "seria?" Se descontasse o modo desordenado como ela os narrava, eu podia dizer que havia algum sentido no que Bela chamava de "os fatos de sua vida". Mas... E se ela tivesse inventado tudo aquilo?

Passei a segui-la quando saía do bar. Da minha janela, no sexto andar do prédio em frente, eu vigiava. De lá é que via quando Bela chegava e consumia sua fileira de chopes. Por volta do sétimo, eu descia até a portaria e lá aguardava. E, quando ela saía do bar e traçava sua linha reta em direção à Vieira de Carvalho eu a seguia.

Meu objetivo era descobrir para onde ela ia. Mas nunca cheguei a fazê-lo, pois, a certa altura da perseguição sempre a perdia de vista. Certa vez eu a vi dar de cara com um senhor em frente ao **Galleto's**: os dois trocaram um aperto de mão e seguiram juntos. Em outra, num domingo, vislumbrei quando entrou numa das bocas do metrô República e se misturou aos remanescentes de uma das ferozes torcidas do Palmeiras.

Fiquei cada vez mais obcecado por descobrir quem era Bela. Tanto que, numa das vezes em que cruzei com ela no Bar do Arouche, cheguei a lhe fazer perguntas a respeito. Ela me interrompeu com uma frase sumária: "não falo da minha vida íntima". Mas "se era isso que sempre fazia entre o quinto e o sexto chope", insisti. E ela, de modo mais sumário ainda, respondeu: "faço por vontade própria, e não porque sou interrogada. Sei lá se você é algum alcaguete da polícia".

Minhas temporadas no apartamento do Arouche, que eu vendi no final dos anos 80 – quando o Largo ainda tinha seus encantos – sempre terminavam sem que fizesse progressos nas minhas tentativas de descobrir a verdade sobre Bela. Mas, quando pegava o Trem de Prata rumo ao Rio de Janeiro, ia a pensar na minha vida no Arouche e tinha certeza de que, quando voltasse, o Largo seria o mesmo e, no bar em frente à minha casa Bela estaria, no canto mais ao fundo, com uma fileira de copos de chopes vazios à sua frente e, na mesa ao lado, um ouvinte atento às suas histórias

Foi então que ela sumiu durante muito tempo. E quando voltou era apenas uma sombra do que fora: magra, desalinhada, suja, com um tique nervoso no canto da boca... Ao vê-la assim, o rapaz do balcão proclamou: "o negócio dela agora é outro". E, levando dois dedos ao nariz, fez o gesto de quem cheirava alguma coisa.

Bela continuou fiel ao Arouche, mas nesta sua nova fase quase não falava. E não falou nunca mais, depois que a vi pela última vez, na esquina da Vieira de Carvalho na qual sua vida em segredo começava: ela estava estirada no chão, com duas velas que uma alma caridosa acendera a lhe iluminar o rosto. E tinha no peito os dois buracos das balas disparadas por um homem que saíra da multidão e depois para lá voltara, encerrando com este trágico final o mistério da Bela do Arouche: ela se fora sem que ninguém soubesse quem realmente era.

(2002)

O AMOR GREGO

1

A primeira vez que vi Cristo Xantopoulos foi numa sexta-feira santa. Todos os bares da zona do Recife estavam fechados, menos o Bar do Grego – chegara ao porto um navio do Pireu e os marinheiros, com as mulheres a respeitar a data, não sabiam para onde ir, por isso tinham se refugiado lá. Não havia música e, no palco improvisado, os instrumentos musicais, as *buzukias* pareciam mais inúteis ainda que de hábito – raramente, apenas nos dias de muita bebedeira, o Grego as tocava. E a eletrola Wurlitzer tinha até suas luzes vermelhas apagadas – sinal de que ninguém ousaria nela derramar uma ficha: a música, num dia santo como aquele, seria um sacrilégio até mesmo na zona.

Sim, a gente respeitava os dias santos na zona, mas era com uma dor no coração. Na verdade, nossa vida tinha sempre intenções noturnas. E quando uma noite as luzes dos sobrados não acendiam, nem as mulheres desciam, nem os homens se postavam nas esquinas – e, pior ainda, quando de nenhuma parte vinha o fino fio da música que o vento carregava sempre para o cais (o ritmo de todas elas se misturando numa barafunda), então a gente não podia deixar de associar aquela noite à tristeza e à morte.

Já na quinta-feira eu tivera essa terrível impressão, quando à meia-noite, sem que ninguém o mandasse, os garçons começaram a descer as portas dos bares e as mulheres ficaram a olhar umas para as outras meio desesperadas, e os motoristas de táxi trataram de debandar, levando para suas casas os últimos passageiros, todos homens. Não era aquela a minha primeira sexta-feira santa na zona, mas todos os anos eu esperava que alguma coisa pudesse acontecer, que os ritos se modernizassem e que nós pudéssemos descer para a calçada na noite daquele dia santificado, sem que, para isso, sacrificássemos de vez o nosso improvável perdão ao fim do último dia.

Como a quinta-feira terminara cedo, eu nem chegara a ocupar, depois da meia-noite, o ponto central no palco do cabaré Chantecler, onde uma luz prateada se derramava sobre mim enquanto eu, vestindo o mais justo de todos os vestidos e cantava *El Dia en que me Quieras*. Ao contrário, àquela hora que era diariamente a da minha glória máxima, eu deambulava pelas ruas mais escuras, evitando as más companhias (os amigos que, nessas ocasiões de tristeza, tinham verdadeiros ataques, durante os quais pronunciavam um milhão de palavras por segundo, todas vazias de sentido), preso aos lábios um cigarro de um fuminho que me fora dado por uma das mulheres da pensão de Ótima. O vestido, a peruca, os apetrechos todos com que me transformava na mais bela e fatal das mulheres, deixara no cabaré em segurança – pois aquelas ruas escuras não eram seguras jamais, havia sempre uma possibilidade de perigo quando se passava por elas e o ataque fatal poderia se processar até mesmo em forma de mortífero gás – o odor pavoroso de milhares de mijadas que os bêbados ali derramavam ano após ano.

De repente sem finalidade, a zona me parecia absurdamente estranha – as janelas fechadas, as luzes vermelhas apagadas, nenhum sinal dos homens, poucas mulheres ainda na rua. E eu, sem sono (nunca dormia antes do amanhecer), continuaria caminhando até que a hora certa viesse, às seis horas, quando afinal subiria a sucessão de escadas que levavam ao meu quarto. Lá, antes de cair na cama, ainda derramaria um copo d'água sobre a samambaia que despencava pela janela (eu era, afinal, um deserdado e exilado filho do campo), e daria uma olhada no pedaço de torre da Igreja do Bom Jesus, que se podia divisar através da janela.

Por trás de tudo, pressentindo mais pelo cheiro, eu sabia, estava o mar. Era assim que adormecia sempre. E o faria mesmo na véspera daquele dia especial – dia terrível a mostrar, com o longo escorrer dos seus minutos e horas, que nossa vida maldita nem sempre tinha um lugar na ordem das coisas: na sexta-feira santa, as putas e os travestis, como terríveis vampiros, recolhiam-se dentro de suas consciências como se elas fossem seus caixões de defuntos.

Pois, Cristo Xantopoulos. Acordei às quatro horas da tarde, e ainda aí obedeci à minha rotina. Enquanto escovava os dentes, olhei pela janela e senti o primeiro choque – os grandes armazéns do cais estavam fechados, não havia caminhões na rua a descarregar açúcar, e os mendigos dormiam tranqüilos nas portas cerradas dos bancos – seguramente, os guardas não os incomodariam. Fechei a janela assustado – que dia, meu Deus, e que noite não seria – e desci duas escadas para comer qualquer coisa na pensão de Ótima.

– Já soube dos gregos? – Ele me disse, a cara literalmente suja de ruge, pó-de-arroz e batom, enquanto me servia o feijão-de-coco, o arroz pastoso e duas postas de peixe (uma garoupa enorme com que um estivador, seu amante de séculos, o presenteara). - Chegaram de manhã, coitados, e nem terão as mulheres. Mas o Grego vai abrir o bar, assim eles poderão pelo menos tomar uma cerveja gelada.

Não dei muita atenção ao que Ótima dizia – a comida era ruim, ainda tinha que pagar três reais por ela –, mesmo porque ninguém mais prestava atenção em Ótima, que dizia ter oitenta e nove anos, mas na verdade contava pelo menos cento e vinte e era, com certeza, a bicha mais velha da zona. Tanto que, em sua última bebedeira, ele contara como vira os prédios do Recife Velho serem construídos um a um, enquanto a maioria das pessoas que o ouviam já haviam encontrado todo o bairro pronto, tinham mesmo a impressão de que ele ali sempre estivera, com seus sobrados sujos e suas escadas incrivelmente altas). Assim, comi o peixe e murmurei – os gregos, ora porra, e voltei para o meu quarto, pensando que eles podiam muito bem ter afundado com o navio.

Mas estava escrito que aquele navio, o *Achya Marina*, eu o esperaria um dia no cais a suar de desespero e medo, e muitas noites rezaria por ele, para que os santos abrissem um tapete de calmaria ano curso à sua frente. Estava escrito tudo isso, em letras tão sutis quanto a camada de pó-de-arroz que, naquela noite santa, espalhei no meu rosto, um leve traço de batom nos lábios e um risco de ruge destacando os ossos da face (os cabelos, longos e negros, eu os amarrara em um rabo-de-cavalo com um elástico e, sob a blusa preta de malha barata, meus seios ávidos de dedos e línguas comichavam). Foi assim, com um rosto de madona, que entrei naquela noite no Bar do Grego, e foi assim que ele me viu a primeira vez (não posso dizer que tenha me visto: nem sequer me olhou e, seguramente, naquele ambiente silencioso, ele não conseguia ver mais nada além de sua própria e esmagadora presença).

Os cabelos negros, ele os derramara displicentes sobre os olhos de um verde mortal. Os lábios, ele os umedecia a intervalos, e os fazia brilhar como o fogo do inferno. No pescoço, o lenço roxo displicentemente amarrado talvez fosse um aviso – aquele era um dia de luto e (que predestinação) seu nome era Cristo. Os braços, ele os mantinha sobre a mesa, e a luz avermelhada os tornava mais dourados. As pernas sob as calças justas eram o pedestal sobre o qual se enroscava, impassível, a estátua milenar de um Deus eternamente vivo. E em torno dele uma luz intermitente brilhava, algo muito azul e perigoso, talvez, se traduzido em palavras, uma mensagem que significaria – *cuidado, eu sou impossível de domar*.

Ante aquela visão, desfaleci duas vezes. Na primeira, debrucei-me sobre uma mesa e respirei fundo, os olhos entrefechados. Na segunda, caí sobre a eletrola Wurlitzer de luzes apagadas (e juro que ouvi, naquele breve instante, todos os discos tocarem ao mesmo tempo). Recobrei rapidamente os sentidos quando ouvi uma voz chamar, Cristo!, e voltei-me a tempo de ver: ele não estava só. Havia outro grego com ele, e duas mulheres, duas daquelas incríveis bocetas fedidas que só existem na zona, e cujo idioma é uma mistura de todas as palavras impronunciáveis nas mais diversas línguas. *Felicemem, sagapo*, ela dizia num grego que certamente se falou na Babilônia. E repetia, "Cristo", divertia-se visivelmente com o nome dele.

Mas ele não a via, aquela boceta, ele não a enxergava como não enxergara a mim, nem a ninguém mais. E eu sabia: mesmo que dançasse o mais frenético dos mambos, mesmo que deixasse cair as calças e exibisse a minha dourada bunda, nem assim ele me veria – seria preciso reunir os ardis de todos os demônios para afinal fazer com que enxergasse qualquer coisa além dele próprio. Tão certo estava eu disso que, após debruçar-me sobre o balcão e fazer ao Grego uma pergunta capital (*quanto tempo fica aí o navio? Cinco dias, ele respondeu*), saí e fui para a minha casa.

Naquela noite, sonhei. Primeiro, com um lenço roxo que me apertava o pescoço e me fazia gritar pelo filho de Deus. Depois, com o corpo de Cristo estranhamente crucificado sobre a minha cama. Acordei molhado de suor e desejo e durante muito tempo ainda escutei o som de *buzukias* – aquela dolência que nos dias seguintes, como um fardo impossível de carregar, me acompanharia, e assim marcaria o compasso desordenado de minhas próximas noites mal dormidas.

2

A ordem, mesmo na zona do cais do Recife, é imutável. Depois de sexta-feira santa vem sempre um sábado, e o sábado é para nós o dia de ganhar mais dinheiro. Além dos gregos do *Achya Marina* havia os japoneses, noruegas e libaneses no cais, e isso garantia nosso faturamento. Naquela noite eu poderia voltar triunfante ao palco do Chantecler, esperando apenas ver, numa das mesas – os olhos verdes, o lenço roxo, os braços dourados –, Cristo, aquela incrível áurea que o cercava, e ante a qual minha voz se estilhaçaria em mil cintilantes cristais em pedaços.

Cantar no cabaré Chantecler, para alguém menos preparado, não era exatamente uma glória – havia sempre alguém a quem minha presença desagradava. Se fosse uma mulher, eu poderia reduzi-la a pó com um simples olhar. Mas se fosse um homem, um noruega, por exemplo, um daqueles gigantes e louros bêbados, capazes de destroçar em segundos um ser humano com suas enormes mãos, tinha que me comportar exatamente como uma puta, revirar os olhos e fingir apreciar, com estalos de dedos e remexer de quadris, as imperdoáveis (e incompreensíveis) ofensas que ele me lançava. Os japoneses do *Toshio Maru* eram igualmente perigosos e, quando não me apreciavam, podia sentir no ar o silêncio que faziam, e percebia claramente aquele silêncio crescer, pesar, transformar-se num bloco de pedra negra que de repente, com um grito terrível, eles podiam arremessar contra minha pessoa frágil e trêmula de medo.

Mas as noites de terror podiam ser, igualmente, noites de glória. E naquele sábado eu sabia que viveria uma delas. Era quando, por algum estranho desígnio, todos os marinheiros lembravam a mesma figura incolor e inexistente para quem, alguma vez e inutilmente, tinham cantado *El Dia en que me Quieras*. E então, em lágrimas e aos gritos, me aplaudiriam de pé, e eu teria que repetir o número uma, duas vezes, até desaparecer por trás da cortina de contas que fazia a vez de camarim, um cílio postiço, descolado pelo suor, já ameaçando cair.

Quando a voz de Manolo, o espanhol magro e de nariz afilado de tanto cheirar pó barato, anunciou *la cantante de fama internacional*, e a luz dourada derramou-se como uma cascata sobre mim eu já o vira. Cristo Xantopoulos estava na primeira mesa do lado esquerdo, com o mesmo companheiro e as duas mulheres do dia anterior. No pescoço, o lenço roxo era sua marca. E nos olhos eu vi, pela primeira vez refletida, minha figura prestes a morrer afogada naquele mar vertiginoso e esverdeado.

No Chantecler, naquela noite, para mim não havia mais ninguém além dele. E a ele dirigi a minha voz, tão cheia de emoção e sentimento que todos – noruegas, japoneses, libaneses - a certa altura estavam claramente à beira do choro. *La Noche en que me Quieras*, eu sussurrava. E a mensagem mal conseguia ultrapassar a couraça de cabelos de sua cabeça, e apenas resvalava em seu coração impenetrável. Havia um momento na canção em que o pianista dedilhava meio ao acaso enquanto eu declamava. E não é preciso dizer a quem, ainda aí, me dirigi. E o fiz tão perto, tão descaradamente próximo ao seu corpo - que a essa altura me parecia uma arma mortífera -, que a mulher de quem ele distraidamente segurava um dos braços murmurou, sibilina – *gamou pelo meu grego, hem, Lina?* (porque já podia ter dito e agora o faço: meu nome artístico é Lina Lee, sendo Antônio de Barros Cavalcanti o de batismo). E voltando-se para ele a mulher decretou sua própria perdição (e como eu ansiava por ela) e cochichou no seu ouvido, num grego digno dos banheiros públicos de Atenas, o quanto eu o desejava.

Os olhos de Cristo lançaram duas labaredas em minha direção e eu senti meu vestido prateado desfazer-se em cinzas. E foi com a voz trêmula que retomei o fio perdido da canção, eu, a artista subitamente despida pelo calor daqueles olhos de fogo. Ele me avaliou rápido desde a peruca *platinum-blonde* aos sapatos de salto de acrílico – e que desgraça, seus olhos sequer se detiveram sobre meus seios que arfavam, intumescidos pelos cinqüenta miligramas diários de Lindiol, que os faziam crescer como os de uma graciosa menina púbere.

Não ouvi os aplausos, os gritos histéricos dos noruegueses bêbados, nem o chilrear dos japoneses. Sequer sorri para o libanês que (ninguém soube de onde ela veio), me atirou uma rosa vermelha e meio murcha. Retirei-me do palco ignorando os pedidos de bis e precipitei-me camarim adentro, ávido por despir os paramentos usados naquela cerimônia fúnebre – eu não estava nem um pouco certo da vitória.

Meia hora depois, uma blusinha leve, uma calça que bem poderia ser de homem, e os cílios postiços dos quais não me desfaria antes de dormir (a maquilagem, mais discreta, ainda cobria meu rosto), recebi de Manolo os cem Reais – o preço da minha canção –, e saí pela escadinha que levava à rua escura dos fundos.

E, meu Deus de todos os veados, ele estava lá. Um cigarro no canto da boca, os olhos semicerrados – o verde brilhando como finas adagas –, certamente me esperava:

Cristo! Meu Jesus! Tentei passar por ele, mas sua mão me barrou a passagem. Estremeci ao sentir o toque no meu braço, quase gritei de dor – ele queimava. Tentei me desvencilhar; inútil. Ele falou (e sua voz era como eu imaginava, era a que eu procurava em vão em todos os homens com quem já dormira):

– Primeiro, você ganha dinheiro de noruegas, japoneses, muito dinheiro. Depois, me dá o dinheiro. Aí eu vou para a cama contigo.

Em que língua ele falou – já que não sabia uma palavra de português, nem eu falava o grego? Na língua dos amantes, aquela que é universal e entendida por todos.

Suas frases escorregaram em minha direção como água suja. E eu desviei vivamente o rosto para que elas não me enlameassem. No instante seguinte agitei no ar um leque imaginário cujas plumas fizeram um estranho e perfumado farfalhar antes que eu - ainda vivamente - o fechasse com um estalo. Ele acompanhou meu gesto e certamente entendeu que eu era uma dama. E foi para deixá-lo ainda mais certo disso que completei o gesto desfechando no seu rosto uma violenta bofetada.

Não esperei para ver a expressão dos seus olhos. Precipitei-me pela rua escura apenas apressando o passo apressado, mas sem correr – pois sabia, se o fizesse ele me alcançaria rápido e me afogaria numa daquelas poças de mijo acumulado a séculos. Caminhei uma quadra, e a rua se tornará ainda mais escura quando ele me alcançou, empurrando-me em direção a duas cadeiras de engraxate que, coladas à parede, formavam uma espécie de nicho. Encostado à parede, o peito arfante, vi diante de mim Cristo

Xantopoulos, aquele que eu elegera para ser meu algoz tão adorado. E percebi claramente que, se havia instantes decisivos na vida de uma bicha, aquele era um dos meus (mas, se ele me matasse, digo tranqüila: nunca uma vida teria sido tão bem desperdiçada). Aquele homem belo e enorme aproximou-se de mim vorazmente, e eu fechei os olhos, mas abri-os logo depois quando senti sua boca quente contra a minha, e seus lábios mordendo os meus até que o gosto de sangue ultrapassasse a barreira dos nossos dentes. Havia as bocas e havia nossos corpos colados um ao outro. E quantos intermináveis segundos aquilo durou, eu nunca conseguiria precisar. Sei apenas que, quando afinal o silêncio me despertou, eu estava só, pois Cristo havia sumido.

Ainda encostado a parede, as pernas trêmulas, as mãos a segurar a alça estraçalhada de minha blusa, senti os lábios doloridos. Com a outra mão eu os rocei de leve e percebi que sim, como num defloramento, havia sangue neles. Ali fiquei, antes que ruídos distantes aos poucos se se fizessem ouvir e me trouxessem de volta à vida. E só então ousei dar dois passos indecisos e me por lentamente sob a luz da lua, e levantar o

rosto e olhar os sobrados, suas torres mortiças. E dentro de mim havia claro, definido, aquelas fatais certezas: a primeira era que eu já o amava. E a segundo: ele sabia que seria meu.

3

Foi Ótima quem me amparou, naquele final de noite. Porque, quando sob a luz da lua eu divisara lá no alto as torres mortiças dos sobrados, ao mesmo tempo compreendera: alguma coisa se modificara na minha vida a partir daquele beijo que me deixará na boca um gosto de sangue. Uma parte daquela existência, que montara como um indecifrável quebra-cabeças, se estilhaçou e deixou à vista um pedaço especialmente sensível daquilo que eu mais me preocupava em esconder: minha pobre e atormentada alma de mulher que nascera homem. A partir de então, tudo pareceria vazio de sentido – cantar *El Dia en que me Quieras*, andar na zona de bar em bar, mostrar aquela indecisão que dava encanto aos meus gestos. E isso significava que Cristo também tinha sua força e ela me engolfaria.

Pensei, enquanto tentava sair da interminável rua escura (a mão ainda afagando o lábio ferido) em três, quatro anos antes, quando ali chegara, disposto a olhar de frente o meu futuro. Sim, porque houvera um dia em que ali estivera pela primeira vez, em que tudo fora novo e terrível – as mulheres excessivamente pintadas, os homens bêbados, os marinheiros e suas línguas estrangeiras. E houvera um dia, ainda, em que eu poderia ter recuado se quisesse, voltando para o lugar de onde me haviam expulsado por sucessivos escândalos, mas onde me aceitariam ainda, com reservas, como um filho pródigo que já recebera suficientes castigos.

Nesse trecho de minhas lembranças sempre me vinha à boca o gosto dos doces excessivamente açucarados das minhas tias, e a memória de uma manhã chuvosa, e o som de uma música triste – sim, eu fora um menino e de repente, um dia, já não sabia mais o que era, e então precisei fugir de casa. Uma casa onde ficaria confinado se voltasse, mas em segurança. Pronto para engordar, envelhecer (isso se os terríveis ataques – era assim que minha mãe os chamava – não me lançassem outra vez à rua, eu, o endemoniado em busca de homens, à procura de nefandos prazeres, o anjo caído que minhas tias tanto amavam e para quem os vizinhos olhavam com piedade ou ódio).

Não, voltar era impossível, aquilo terminara. Eu escolhera a zona do cais, minha casa era lá agora. E aqueles sobrados, suas torres mortiças eram como os dedos que me apontassem o caminho a seguir – os dedos de Deus cujo filho eu já amava.

Desemboquei numa rua mais iluminada, aquela dos bares. Os motoristas de táxi me saudaram com sua alegria, *Lina, gostosa!* Respondi mecanicamente às suas saudações: *meus amores!*. E ainda mecanicamente consegui chegar ao outro lado, tropeçando nos restos de música que vinham ao mesmo tempo de todos os bares, eu, a subitamente proscrita – os cílios me pesavam, meus gestos eram por demais desgraciosos. Nada mais tinha da leveza de Lina Lee, *la cantante*, pelo menos naquele instante em que, no meio da rua, tentava me desviar dos carros e sentia os olhos ofuscados pelos faróis.

Entrei em outra rua escura, esta cheia de homens que olhavam para o alto – lá em cima, nas janelas onde havia luzes vermelhas, as mulheres raramente apareciam – e procurei, como um peixe semi-afogado, o mar. E lá estava ele: uma faixa verde que a luz da lua fazia brilhar. Descobri-me na amurada e era como se mergulhasse na água: nadei, deixei-me tocar e me envolver pelas algas de longos tentáculos. Com os olhos fechados senti na pele a maciez dos peixes, a plácida tranquilidade daquele outro mundo tão paralelo ao nosso. Voltei à tona mais fortalecido, a tempo de notar que, perto de mim, na amurada, alguém me olhava.

Era um homem. Na certa ele me ouvira cantar e agora esperava que aceitasse o seu convite. Um libanês, talvez o que me lançara a rosa. Seus olhos eram de um negro intenso, e a luz que incidia sobre seu rosto fazia com que eles desaparecessem em duas cavernas escuras. Na linha reta dos seus lábios eu li uma palavra – desejo. E nas mãos que ele quase lançava sobre mim estavam desenhadas as carícias que me prometia como ninguém mais saberia fazer. Pensei com horror que antes daquela noite sempre aceitaria tais convites e me veio novamente à boca o gosto dos doces das minhas tias. Tantos homens haviam tocado em mim nesses meus anos na zona que meu corpo, certamente, já não seria o mesmo, sofrera modificações, fora moldado por eles.

Mas agora, enquanto o libanês cheio de desejo me olhava, descobri que, por causa de Cristo, um nervo em mim se estilhaçara e agora estava exposto: nunca mais poderia entregar-me aos homens que pagavam e queriam, pois acabara de descobrir o quanto eles me conspurcavam.

O libanês avançou dois passos e vi claramente seus olhos - duas facas que já começavam a me retalhar. Recuei com horror – ele disse, *eu pago, eu quero você* –, e me vi dividida entre o presente e o futuro, emaranhado nos muitos anos que se seguiriam após meu fatal encontro com Cristo Xantopoulos, e as vezes em que precisaria de homens como aquele – era, afinal, na zona que eu vivia; sim, era impossível renegar as mãos que já me haviam tocado.

E então, como uma máquina emperrada que de repente funcionasse, sorri. Ele me abraçaria, sim. E eu sentiria toque dos seus dedos como se fossem navalhas, e minha carne sangraria e a ele, como a cada um a quem após aquela noite eu me entregasse, daria um pouco de mim, até me consumir toda. Mas, mesmo assim iria com ele, era esse o meu destino.

A escada parecia incrivelmente alta, pois um estranho desígnio fizera os construtores dos sobrados da zona do Recife planejarem aquelas escadas, verdadeiros desafios ante os quais os amantes já sentiam esvaírem-se suas primeiras forças. Eu sabia que, os olhos emoldurados por uma portinhola através da qual vigiavam tudo - o rosto sempre excessivamente pintado, posto em destaque pela luz vermelha que ele usava na sala – no fim da escada do terceiro andar Ótima aguardava. Nas mãos, os búzios que de vez em quando jogava à nossa passagem, e cujas mensagens sussurrava sem que sequer parássemos para ouvir.

Saber que lá em cima eu o encontraria me confortava, mesmo que depois ainda tivesse dois lances de escadas a subir. Aquela seria uma doce pausa e eu seria suave e amigo com aquele velho solitário. Mas seria ainda mais que isso porque, especificamente, ele me esperava.

Ao pisar no último degrau, seu rosto se sobressaiu avermelhado na portinhola, e ele proclamou:

- Os búzios dizem que há um homem em sua vida.

Desabei sobre o degrau, colei o rosto à madeira carcomida e suja do corrimão.

– Há vários homens, Ótima, todos imundos. Há uma fileira enorme de homens em minha vida. Qual deles você escolheu para hoje à noite?

Ele respondeu:

– Não é esse que está aí consigo. É outro, especialmente mau, que vai destruir você. Não, *destruir* é uma palavra sem sentido. Ele vai lhe trazer insuportáveis revelações, tão terríveis que causarão a sua morte.

A essa altura eu já chorava. Ele fechou a portinhola e dois segundos depois abriu a porta.

– Venha – disse, com uma voz suave que lembrou minha mãe. – Levante já daí, que um rato pode morder você. O sobrado está cheio deles, não sabia? Eu os vejo subir e descer a noite inteira. Trabalham mais que as mulheres, os ratos.

Amparou-me com os braços finos e reparei que ele usava um ridículo vestido branco de noite – os cabelos ralos caíam em cuidadosas vírgulas sobre o rosto. Levantei-me. Ótima me levou para dentro e não resisti, pois sabia que a ele poderia me entregar. O libanês, com quem eu passaria o resto da noite, percebeu que o fim da nossa história se antecipara, terminava ali e por isso não falou mais nada e apenas foi embora.

Em alguma época remota aquele velho ganhara esse apelido, *Ótima* - talvez por isso, por funcionar como uma espécie de mãe para os desvalidos. Mas isso foi antes que o tempo o marcasse tão definitivamente que nem mesmo os desvalidos o vissem mais como um ser humano.

Sim, eu poderia me entregar a ele, e foi o que fiz. Contei o meu segredo.

– Há um homem, sim, Ótima. Seu nome é Cristo Xantopoulos, e mal o vi e falei com ele. Mas não é preciso mais para saber que nosso encontro vai mudar minha vida, ou pelo menos me marcar para sempre.

– Sua vida sempre esteve pronta para ser mudada – Ótima me disse em resposta. - É uma coisa que existe em você. Eu sei. Quando lhe vejo descer essas escadas eu penso: esse aí não foi feito para esse tipo de vida. Porque você consegue ver como as coisas mudam, como se movem e como se ajustam, mesmo que isso só vá acontecer no futuro. É isso que está vendo agora nesse homem que dará uma volta completa nos seus pensamentos. Ele ainda não começou a fazê-lo, mas você já sabe que isso vai acontecer.

– Mas por que, Ótima, por que eu sei?

– Porque você é um homem. Uma pessoa. E essa vida desgraçada não lhe roubou isso. O ser humano é a mais dura e preciosa das gemas. É tão difícil quebrá-lo, transformá-lo em insignificantes e inúteis pedrinhas coloridas... É isso o que as pessoas são aqui na zona: pedrinhas coloridas de pouco valor. De vez em quando uma se divide ainda mais, tornando-se menor. E todas as noites algumas viram poeira. Mas você está aí: uma pedra inteira, impossível de quebrar. Você sairá daqui sem que eu precise dizer, "saia, esse não é o seu lugar". E poderá ficar também, mas não será nunca como os outros. E sofrerá dessa angústia que está sentindo agora até a morte.

Seus braços finos conduziram-me suavemente até a janela. Nós nos debruçamos juntos e lá embaixo, como numa vertigem, divisamos os carros, as pessoas, o burburinho das vozes. Ótima ainda falava:

– Noites e noites eu me debrucei aqui, procurando uma explicação para tudo. Sabe, a zona existe e é igual ao resto da cidade. A gente vive num sistema que tem um único objetivo: humilhar e esmagar as pessoas. Do outro lado os bem comportados, honrados e trabalhadores, são igualmente esmagados como nós, só que de modo mais sutil. Aqui, não: a gente sente o vento bater na cara como se fosse um açoite. E, depois do terceiro trago, isso dá uma sensação de absoluta, mas falsa liberdade. Lá, não. Eles se recolhem cedo e ficam horas na cama ruminando suas desgraças antes de adormecer e ter os maiores pesadelos. Eles lá, nós cá... Como se fossem mundos diferentes. Mas esse rio, essas pontes que nos separam são apenas uma ilusão. Eles e nós: estamos todos do mesmo lado errado.

Sim, eu via - era aquilo que via quando olhava os homens enquanto cantava minha canção. Por isso era capaz de armar os jogos e manejá-los todos. Por isso soubera como fazer para atrair Cristo até a mim. Eu via tudo como Ótima dizia, só que não conseguia colocar isso em palavras. Mas agora parecia era claro. Minhas tias, seus doces, os vizinhos e seus olhares de piedade e ódio quando, aos quinze anos, eu imitava Carmem Miranda na calçada de casa. E as mulheres da zona, e os marinheiros, e aquelas luzes vermelhas, e a escuridão...

Ótima ainda falava:

– Esse homem lhe queimará como uma chama. E suas chagas nunca cicatrizarão. Mas é preciso que se queime e é preciso também que o queime. Pois é isso que ele espera, esse grego que cruzou os oceanos todos para ser tocado por você aqui, no fim do mundo que é a zona do cais do Recife... Está escrito, Lina Lee: os dois se consumirão juntos.

Dito por ele tudo parecia tão claro. Mas como aquela bicha de 120 anos presumíveis podia falar assim? O que a fazia tão sábia? Ele ainda me segurava nos braços como a um filho miúdo. Eu via seu rosto a apenas cinco centímetros do meu – seu hálito era o de uma criança, cheirava a leite. Eu lhe perguntei:

– Mas como você pode saber tanto se sempre viveu aqui, se há anos não sai deste sobrado, como pode ter tanta certeza de tudo?

Os olhos dele brilharam como duas contas – não, ainda mais que isso: como duas gemas preciosíssimas, dois cristais raros e jamais tocados por mãos impuras. E então, sem que respondesse, eu compreendi. Ele estava ali, inteiro como quando se sentira pela primeira vez um homem. Era uma das tais pedras preciosas que nada nem ninguém conseguira quebrar.

Ótima me embalou, cantarolando uma canção de ninar que eu não ouvia desde minha infância. Eu adormeci em seus braços. E aquele foi o sono mais pesado que já tive – mergulhei nele como uma flecha lançada no escuro.

4

Na noite de domingo eu não veria Cristo, embora o procurasse em todos os lugares onde os marujos costumavam ir. No Bar do Grego detivera-me muito tempo a escutar um dos tripulantes do *Achya Marina* cantar um interminável lamento. Tinha esperanças de que ele afinal aparecesse por lá, mas isso não aconteceu. Até que, no fim da noite, disseram-me a terrível verdade: a mulher com quem ele andara todos aqueles dias – e por quem manifestara tão definitiva indiferença – conseguira enfim levá-lo para a cama, e era lá que ele agora estava, enquanto eu aflito o procurava pelas ruas da zona.

Naquela noite eu não iria ao Chantecler, menos ainda cantaria *El Dia en que me Quieras*. Não suportaria os olhares lúbricos dos libaneses, os gestos de impaciência dos japoneses, ou o desdém dos noruegas – não, tantas reações desencontradas seriam demais para mim. Igualmente terrível seria procurar seu vulto na primeira fila de mesas esfumaçadas e não encontrá-lo. Assim como era trágico pensar agora no seu corpo dourado a se enroscar no daquela mulher. Aflito eu caminhava, buscando como sempre os cantos mais escuros, fugindo de algum conhecido que descobrisse nos meus olhos os sinais daquela angústia – Cristo, o homem que eu amava, estava nos braços de outra.

Num canto da amurada, debruçado sobre os pálidos reflexos da água, eu me detivera afinal, e ali ficara a pensar no que mudara em mim nos últimos anos. Uma imagem me surgia com freqüência – era a lembrança das vezes em que, de tarde, ousara atravessar a ponte e ir até o comércio do outro lado, no centro da cidade, onde não permitiam nossa presença sem que sofrêssemos as mais terríveis punições. Era como uma perigosa aventura - uma incursão ao território inimigo. Eu, com meu corpo estranho, com o ar ambíguo, a caminhar em meio àquelas pessoas, a ouvir seus protestos – *que horror, meu Deus, que espécie de criatura é essa!* – e os olhares fulminantes que lançavam contra mim.

Era como uma aposta que fazia comigo mesmo, caminhando sempre e sentindo em torno de mim o ódio crescer como uma vaga gigantesca: até onde a coragem me levaria? Homens saíam das lojas para insultar-me, crianças gritavam enquanto eu passava e a tudo isso respondia com meu silencioso escárnio: eu era o próprio insulto, o maior deles - era o ser que desmentia a segurança e o aconchego sob os quais aquelas criaturas pensavam estar abrigadas, eu era o perigo, por ser igual a eles e ao mesmo tempo diferente.

Muitas vezes essas incursões terminavam mal – me faziam correr a pedradas, uma vez um homem dera-me uma paulada nas costas. Quase sempre precisava fugir para que não me linchassem. Mas quando o fazia era com uma feroz, desordenada alegria, porque sabia sempre: podia-se facilmente romper o instável equilíbrio dos que habitavam no outro lado do rio, eles eram fracos porque, ao contrário de nós, tinham medo de tudo que não conheciam.

Mas eu sabia também que nosso poder era efêmero. Ali estávamos nós, marginais como diziam, ilhados no Recife Velho, espremidos na miséria sórdida daqueles sobrados imundos, a alimentar com plumas e brocados nossa paranoia, que era como uma traça insaciável. Eu não era igual aos outros, Ótima dizia, já que conseguia ver o negror por trás de tudo. Eu decifrava o mistério e a razão de tantos sofrimentos. Isso me transfigurava, não permitia que sequer pensasse em voltar atrás: poder caminhar nas ruas tranqüilo, sem temer castigos? Isso não me atraia mais, a vida na outra margem do rio para mim era impossível.

Então...

Cristo. Seu vulto dourado numa sexta-feira da Paixão, como um sinal, uma senha, o modo sutil pelo qual Deus me dizia que eu fora perdoado. E imaginá-lo agora nos braços daquela mulher era doloroso demais para mim. Significava que eu ainda não o merecia – havia certamente um ato solene, nesse misterioso ritual, que eu ainda precisava cumprir para finalmente tê-lo.

Afastei-me com dificuldade da amurada e prossegui – precisava caminhar ainda, cansar o corpo até que ele não mais reagisse à dureza dos meus pensamentos, e então, mergulhá-lo naquele sono profundo, reparador, que me daria todas as forças necessárias para o dia seguinte, uma segunda-feira. Teria ainda dois dias antes que o *Achya Marina* deixasse o porto do Recife, dois dias para cumprir meu destino, deixar que ele me engolfasse...

Mas antes de ir dormir eu precisava passar outra vez pelo bar do Grego – quem sabe a mulher não tinha conseguido prendê-lo e ele estaria lá com seus amios? Àquela hora, na Rua do Bom Jesus onde ficava o bar, só restavam as últimas mulheres, as mais velhas, aquelas que tinham apenas uma esperança: que os homens, após uma noite de bebedeiras, percebessem o que nelas havia de maternal e realizassem então um sonho de séculos – fossem com elas para a cama e, de olhos fechados, imaginassem estar amando a própria mãe.

Passei por elas, tão dignas em seus vestidos geralmente azuis e de babados, e mal sorri para aquela que, discretamente, pronunciou meu nome – Lina, sua voz sussurrou, não está a fim de um pó? Respondi com um gesto que não. E entrei na escuridão avermelhada do bar.

Os vultos de sempre. Por trás do balcão, o Grego conferenciava interminavelmente com dois homens. Numa mesa, os tripulantes do *Achya Marina* falavam todos ao mesmo tempo, interrompidos a cada instante por três mulheres que bebiam cerveja quente. A um canto, a Wurlitzer silenciosa. Encostada a ela, um vulto que reconheci: era o grego que, nos últimos dias, vira sempre em companhia de Cristo. Aproximei-me dele e fingi examinar a máquina, ler os nomes das músicas que ela poderia tocar se eu tivesse uma ficha. Fiz tudo sem pressa, até sentir que o grego me notara e que, mesmo sem muita curiosidade, me examinava. Então voltei-me e perguntei: grego? Ele respondeu que sim com a cabeça, ainda sem qualquer sinal de curiosidade. Esta surgiu apenas quando fiz a outra pergunta: amigo de Cristo?

Ele virou-se para mim, e em seus olhos li uma secreta mensagem: ele seria fiel à beleza de Cristo até a morte. Ele o amava ao seu modo, sem que os dois pudessem jamais se tocar - eram o que se costuma chamar de dois machos. Ele amava o que no outro havia de definitivamente belo e intangível – e de uma leitura passada, antiga, de algum livro cujo autor nem lembrava, me veio o nome exato para aquele incrível sentimento: o amor grego.

Cristo, ele disse, e repetiu o nome como uma fórmula mágica: Cristo, sim, meu amigo. E tal como a eletrola Wurlitzer cantaria se nela eu despejasse uma ficha, começou a falar.

Muitos navios, disse, muitos portos conhecemos os dois, eu e Cristo. Os mares que atravessamos, as tempestades, as mulheres, as vezes em que fomos presos ou em que quase morremos. Sempre juntos, eu e ele, amigos. Uma vez, na Jamaica, eu o defendi com meu próprio corpo, veja (e abrindo a camisa, mostrou-me uma cicatriz rosada), de um negro que lhe queria marcar o rosto apenas porque ele era belo e as mulheres o disputavam. Ele é como meu irmão, nós nos entendemos mesmo sem trocar uma palavra. Não tenho família e ele também, somos a família um do outro. Cristo (dizia o nome como uma senha mágica que lhe garantisse um privilegiado lugar na vida), meu amigo.

– E onde está Cristo agora?

– Com uma mulher - sorriu, quase com amargura. - Elas ficam todas loucas por ele.

E de repente se deu conta de que eu era um estranho, apenas uma bicha de rosto excessivamente pintado, alguém que dificilmente teria acesso àquele deus que ele erigira em pedestal tão alto:

- Mas de onde você conhece Cristo? – perguntou.

Dedilhei rápido as teclas mudas da Wurlitzer, entrefechei os olhos e os abri logo depois para a penumbra avermelhada do bar – do banheiro vinha o cheiro acre da legião de homens que por lá passara –, e despejei sobre ele minha sentença, antes de sair dali rápido como uma sombra:

– Teu Cristo eu o conheço, sempre o conheci. Ele é o homem a quem vou amar. Na Jamaica você o protegeu com o seu corpo, sim. Mas foi para que ele chegasse inteiro até aqui, para que eu o tivesse sem as marcas de outras aventuras. Porque se há uma pessoa no mundo que pode deixar marcas em Cristo Xantopoulos, essa pessoa sou eu. E quando afinal eu o tocar, ele nunca mais será o mesmo, e nem mesmo você poderá mais reconhecê-lo.

Nem precisei olhar para ele – eu sabia qual era a expressão do seu rosto. Enquanto caminhei minhas últimas quadras naquela noite eu o imaginava, eu o tive sempre diante de mim e em seus olhos havia o que não precisei ver para adivinhar - um medo profundo e um grande espanto, pois agora sabia que o seu Cristo lhe seria roubado.

5

Após a calmaria do fim de semana santo, a segunda-feira com certeza seria um dia agitado no recife Velho. Mas nós estaríamos como sempre alheios àquele movimento. Nada tínhamos a ver com o ir-e-vir incessante dos caminhões carregando açúcar ou trigo, com os negros de braços fortes que os descarregavam. E menos ainda tínhamos com aqueles que entravam e saíam dos bancos ou dos grandes armazéns - embora, depois de passar por muitas mãos, chegasse até eles o dinheiro dos aluguéis que pagávamos pelos sobrados). Podíamos no máximo olhá-los de nossas janelas, mesmo assim discretamente, sabendo sempre que éramos, para as senhoras que por ali passassem durante o dia, um ultraje e uma ofensa.

Muitas vezes eu me detinha a apreciar aquele movimento. E apesar do que dissessem em contrário, me sentia claramente parte dele. Era possível, através de negros corredores e complicados cálculos, chegar ao fim daquela longa meada – o fio que nos unia a todos, como fantoches, os que trabalhavam e os que viviam na zona, os que, aparentemente empenhados numa vida dita honesta, na verdade se entregavam, como nós, a um tipo qualquer de trabalho suspeito. Era isso que me deixava tão pouco temeroso dos castigos e das desventuras, saber que, por trás de todos os disfarces, sob a capa de tranqüilidade com que protegiam suas vidas, os que não partilhavam de nossas desgraças eram iguais a nós, tão incapazes de mudar o próprio destino.

No almoço Ótima não me fez perguntas – era o velho de sempre, uma múmia silenciosa a observar enquanto comíamos, os olhos abertos, mas certamente mergulhados numa época que não necessariamente aquela. O que eles não teriam visto, aqueles olhos, que exóticos ou terríveis odores não sentira aquele nariz, e aquela boca, quantas vezes tivera que calar, a que estranhos ritos e contrações fora obrigada aquela face até que se moldasse na sua imutável máscara. O rosto de Ótima: uma enrugada superfície de borracha, agora tão imutável que não era capaz de reagir nem mesmo ao ódio ou a alegria.

Terminado o almoço – umas três pessoas além de mim comiam àquela mesma hora –, ele me chamou com um gesto mudo e um movimento de lábios que certamente queria dizer: *vem*. Eu o acompanhei pelo corredor escuro e lá no fundo ele retirou de sob a blusa um molhe de chaves. Dei-me conta repentinamente que algo de extraordinário ocorreria – Ótima tinha uma coisa especial para me mostrar, diziam seus gestos. Uma das chaves abriu a porta diante da qual estávamos e ele escorregou através dela mais silencioso que uma sombra. Segui-o e mergulhei na escuridão, à qual aos poucos me acostumei a tempo de ver que ele caminhava, como um cego em seu ambiente, no rumo de uma janela. Nos segundos seguintes divisei vagos contornos, senti alguma coisa roçar em meu rosto como o toque de uma seda, percebi no ar um perfume. E então ele abriu a janela – meus olhos se fecharam com a luz e, quando se abriram de novo, me encolhi de espanto.

Pois estava num quarto de noiva. Uma seda roçara realmente meu rosto, era uma cortina imaculadamente branca que o vento, agora, fazia tremular como uma bandeira sobre nós. Os espelhos eram virgens de imagens, assim como pareciam intocados os alvos lençóis da antiga cama de ferro. E nas paredes o papel rosa e azul mostrava apenas raros sinais de que sobrevivera absurdamente aos muitos anos. No ar pairava um cheiro de coisa velha em luta permanente contra a própria idade. Eu podia quase adivinhar quantas vezes Ótima entrara ali, abrira as janelas e se entregara à faina da limpeza. E depois as vezes em que perfumara o ar, em que enchera o quarto com a fumaça de finos defumadores trazidos pelos marujos de Hong-Kong, tudo isso para que o quarto se mantivesse sempre tão vivo, como se esperasse uma noiva que, embora tardia, pudesse chegar a qualquer momento.

Eu me voltei para Ótima, que me olhava com a mesma máscara imóvel – apenas seus olhos, aquela matéria viva e inflamável, brilhavam. E ele me disse:

- Você dormirá aqui com o grego, você o trará até aqui. Esse quarto está preparado há muitos anos. Uma vez já tive que mudar tudo, as cortinas e os lençóis, e ele ficou pronto de novo para uma noite de amor que afinal não ocorreu (*isso porque,* comentou mais baixo, *nem todos têm a sua sorte*). Afinal, como já não me fosse possível esperar mais nada *(os amores que tive não mereceram esse quarto, da mesma forma que não puderam ouvir meus mais íntimos segredos)*, eu o mantive como está, vivo, palpitante, esperando sempre. Empenhei-me em evitar que ele parecesse um museu, e à custa de muito trabalho o consegui: ele sempre me deu uma ilusão de esperança quando aqui entrava. Era um quarto de noiva, e a noiva era sempre eu, chegando irremediavelmente tarde para o casório.

- Fiz dele o meu mais íntimo abrigo, aqui fiquei tardes inteiras quando tudo ameaçava desabar em torno e sempre saí daqui mais forte (*ah, Lina, você não sabe: as coisas vãs da vida...*)

- E posso dizer que, nestes anos todos, me alimentei dele, dessa pureza das cortinas, do azul-e-rosa das paredes da brisa que entra pela janela, do vento selvagem que sopra nas noites mais frias de inverno. Quando joguei os búzios naquela noite, e depois, quando à sua passagem, vi sombras que o acompanhavam, me lembrei que seu quarto é apenas um vão lá em cima, e que o grande e eterno amor sempre pede locais mais dignos.

- Este será o quarto em que você amará seu grego, você o merece tanto quanto eu, porque se parece comigo. Eu decidi. Quanto a você, terá apenas que dar um jeito de atraí-lo.

Foi assim que Ótima encerrou o seu discurso. Não posso dizer que em meus olhos houvesse lágrimas – há algum tempo já que aprendera a não chorar. Mas era o pranto, sim, aquilo que fazia estremecer meus ombros, embora eu me fizesse de forte antes de lhe perguntar:

– Ótima, eu mereço assim os teus segredos?

E ele: - Agora o segredo é nosso. Para mim, ele não foi quebrado.

Cristo Xantopoulos, eu pensava quando saí do meu quarto de noiva. E na escadaria disse seu nome, e o fiz com tanta intensidade que ele, onde estivesse, certamente me ouviu – era impossível não perceber a força do meu amor rolando no ar como uma nuvem negra e na direção certa: era uma segunda-feira, sim. E naquela noite eu invocaria a tempestade.

Diante do sobrado da Vigário Tenório duzentos e seis, naquele entardecer, passei silenciosamente – ele dormira ali na noite anterior. E embora isso não significasse nada (era como se seu corpo continuasse intocado à minha espera), eu não podia deixar de olhar a janela do primeiro andar, onde, certamente, a mulher estaria. Sim, ela me acompanhava com os olhos desde que eu dobrara a esquina e esperava apenas que olhasse para me acenar – *Lina, gritou, espera um instante, quero falar contigo.*

Era inevitável; ela me contaria todos detalhes, ela me diria como o meu grego a amara, chegaria aos mais sórdidos pormenores. Eu ouviria com o entusiasmo que ela esperava provocar, faria mesmo alguns comentários maldosos, embora dentro de mim os ácidos do ciúme me corroessem:

– Sabe quem trepou comigo ontem? O grego.

– Que grego? – Perguntei, fingindo indiferença.

– Ora, aquele, do lenço roxo, não se lembra? Você ficou olhando para ele no cabaré o tempo todo.

– Eu, olhando para um grego, mulher? Imagina. – E minha voz saiu cortante: – Todo grego tem chulé.

Ela pestanejou, mas foi apenas um instante:

– Esse não tem. Chama-se Cristo, veja só, e parece mesmo o filho de Deus. Mas como trepa, ficou a noite inteira em cima de mim.

A partir daí vi que ela começaria a mentir ou pelo menos contar vantagem: nenhum homem conseguiria ser tão ardente com uma puta, ainda mais o meu Cristo Xantopoulos tão senhor de si. Mesmo assim ouvi sua conversa fiada com fingida atenção, enquanto meu pensamento dava voltas, e enquanto a noite ameaçadora caia e engolfava a tarde aos poucos, fazendo escurecer os sobrados e deixando apenas que uma nesga de luz ainda lutasse contra a escuridão onde o sol caía lá para os lados do cais.

Quando finalmente a escuridão ganhou as últimas escaramuças e as luzes da rua se acenderam, a mulher tinha contado o final de sua história - como o meu grego a beijara antes de sair do quarto de manhã - sem que me sentisse mortalmente ferido. Agora eu tinha mais certeza: tudo aquilo acontecerá para que sobrasse algo mais do nosso romance – a mulher seria no futuro uma testemunha de que Cristo passara por ali, de que eu o tivera.

Naquela noite, no cabaré, providenciaria para que soubessem definitivamente disso: não importa que mares ele tivesse atravessado ou em que camas dormisse. Ninguém o tocaria como eu, era o que estava escrito.

6

Já não havia mais tempo. Todos os meus projetos teriam que ser fielmente concretizados naquela noite. Era a urgência o que agora me impulsionava, eu sabia disso. No dia seguinte o *Achya Marina* partiria rumo a não sei que portos. E se isto acontecesse sem que me visse afinal frente a frente com Cristo seria como adiar parte de minha vida, permanecer suspenso em meio a todos os gases da desesperança a lutar contra o desânimo, até que o navio – sem data prevista, sem alterar seu intrincado curso – afinal um dia voltasse. E ainda aí precisaria contar com uma série infindável de acasos – num porto qualquer, um desses punhais brilhantes que costumam fazer o papel do destino, ou mesmo uma mulher, quem sabe –, que me levaria a rezar e a gemer em agonia para garantir, na volta do navio, o retorno de Cristo, aquele a quem eu me ofertara em sacrifício.

A urgência de tudo conduziu muito mal meus primeiros passos naquela noite. No camarim improvisado do Chantecler precisei fazer e desfazer a maquilagem, retocar os brilhos e as sombras até dar ao meu rosto o tom exato – e durante todo esse tempo aos meus olhos eu parecia um fantasma. Nisso foram-se muitos minutos, podia contá-los a escorrer como a areia soprada pelo vento. Eu me conduzia dentro dessa urgência como um peixe das profundezas subitamente trazido à luz.

Lá de fora vinha o ruído da música, os gritos desesperados das mulheres e as respostas irônicas dos homens, o ir-e-vir incessante em direção à eletrola Wurlitzer que, cada vez mais gorda, consumia fichas e entoava em troca o ritmo das horas. Eu boiava na superfície daqueles ruídos subitamente imóvel, quieto, um pincel a meio caminho do rosto, a escutar, a sondar o espaço que me separava da sala principal, tentando captar um sinal qualquer da presença de Cristo, meu amado, tudo isso enquanto derramava ao redor dos olhos uma leve camada de purpurina.

Mas era ainda um rosto saído das sombras o que o espelho mostrava. E eu sabia que se naquela noite não me transformasse na triunfal alegoria a *cantante* que, dentro de mim, durante tanto tempo criara, meu rosto ficaria para sempre como parecia agora: sem expressão e nenhuma esperança.

Quando afinal me dei por pronta, deslizei pelo corredor mal-iluminado e entrei no salão penumbroso enquanto Manolo já anunciava *Lina Lee, la cantante*. Já sob o refletor ainda apagado, a respiração suspensa, um gesto esboçado à espera da luz, procurei com os olhos seu rosto tão ansiado. As mesas estavam todas ocupadas e o público era o mesmo de sempre. Japoneses, libaneses, noruegas, as mulheres muito pintadas a tentar fazer os homens acreditarem que elas eram melhores e mais lindas. Nas mesas mais distantes, perto dos banheiros, meio esfumaçados, estavam os rostos ainda mais inexpressivos dos que viam no cabaré o sonho e a aventura: rapazes, homens de meia-idade a mascar seus charutos apagados, algumas velhas.

Mas ele, o meu grego, não estava lá.

Assim, foi apenas em homenagem aos outros que comecei minha canção, sabendo que dessa vez me detestariam. Procurei cantar além de todos eles – Cristo estaria na rua com a mulher e me ouviria, mas onde? –, tentei elevar a minha voz até um ponto tão distante que aquela pequena multidão ali reunida não a ouvisse. A resposta veio na quarta ou quinta frase. Um japonês sussurrou qualquer coisa para a companheira e esta respondeu com uma gargalhada estridente. Não tentei censurá-la, sabia que tinha razão, naquele momento eu merecia o seu escárnio. A luz me ofuscava, subitamente me sentia estranho, alheio àquele ambiente, e o mais terrível e novo: as roupas, a maquilagem, os cílios postiços, tudo me pesava e era incômodo. Meu corpo parecia, afinal, capaz de reações inesperadas – nada era tão definitivo e concreto quanto eu imaginava antes de conhecer Cristo. Em meio a uma frase, cheguei mesmo a pensar em interromper o número, sair dali e desnudar-me, mergulhar em não sei que líquido purificador, adormecer mas não, aquela era a minha noite, eu precisava me jogar por inteiro dentro dela e cumprir, junto com Cristo, o meu calvário.

Na primeira pausa fechei os olhos e tentei pôr uma ordem no meu caos. Retomei apressadamente meus triunfos, esqueci as derrotas, recomecei a canção cheio de fé e esperança. Os minutos finais foram menos terríveis. Senti que se abria uma clareira na multidão hostil, julguei mesmo ver um sorriso no meio dela e o silêncio, aquele bloco denso de outras noites maravilhosas, quase ameaçou formar-se.

Mas então já estava muito perto do final. Dei os últimos volteios e encerrei a canção em meio às palmas discretas. O refletor piscou e extinguiu-se, Manolo avançou eficiente e eu me desviei dos olhares caminhando até uma mesa de canto e tomando, com um sorriso debochado, o copo que uma mulher empunhava como uma bandeira. *Este é o meu sangue*, eu lhe disse após um longo sorvo, e ela olhou espantada para dentro do copo quando o devolvi.

Fiz o mesmo na mesa seguinte, e ainda tomei um terceiro copo antes de descobrir que se continuasse a beber ficaria mais fraco – e, bom Deus, como eram necessárias naquela noite todas as minhas forças. Por isso devolvi o quarto copo sem levá-lo aos lábios e me precipitei no rumo do banheiro. Precisava ver mais uma vez meu rosto, certificar-me de que ele continuava no lugar, a mesma sepultura que, horas antes, eu caiara com brilhos e pós para disfarçar o medo.

Os banheiros do Chantecler ficavam no fundo mal iluminado, o de homens e o de mulheres dando para o mesmo salão vazio onde um gigantesco espelho, pregado à parede, refulgia. Era nele que eu pretendia me ver – as putas, estranhamente, evitavam o espelho, a imagem de corpo inteiro que ele mostrava parecia desagradá-las, o que não ocorria comigo: nos espelhos sempre via apenas o que meus olhos queriam ver.

Mas dessa vez eram outras as imagens. À meia-luz, não entendi nos primeiros segundos o que acontecia - vi apenas dois vultos, inicialmente -, mas logo percebi: uma daquelas pessoas que se engalfinhavam era Cristo e a outra – apesar do rosto disforme e ensangüentado – era a mulher com quem ele andara todo aquele tempo.

Imóvel (pelo canto do olho vi meu vulto altaneiro, uma dama sombria, projetado no espelho), assisti àquela terrível imolação: Cristo batia na mulher, frio e consciente ele o fazia, enquanto ela, fria e consciente, aceitava sem um gemido o incrível sacrifício. Ele parecia disposto a destruí-la, a transformá-la numa poça de sangue. E ela, ao mesmo tempo, queria que ele o fizesse – pelo menos era assim que parecia, já que ele a esmurrava no estômago, no ventre, no peito sem que ela desse um grito. A não ser pelo ruído seco dos golpes, a cena era muda. Se algum som se ouvia era remoto, vinha de fora, do salão.

Tudo aquilo pode ter durado cinco segundos, ou uma hora inteira. Eu imóvel e duplo (o espelho me olhava) e eles: um contra o outro, até que a mulher começou a ceder, a cair, a escorregar pela parede lentamente em direção ao chão, embora com uma certa resistência, como se quisesse ainda aproveitar os últimos golpes – as mãos de Cristo eram sem dúvida um castigo que ela sabia merecer e pelo qual ansiara. A mulher tinha os olhos cobertos de sangue, e também a boca e o nariz, seu rosto era uma massa informe e vermelha quando ela afinal sentou no chão frio, as costas contra os ladrilhos, as mãos moles espalmadas sobre o chão, um pé descalço, ela caiu afinal e só então respirou fundo – sim, após tantos anos navegando tinha finalmente chegado ao seu tenebroso porto.

E então ele disse sem se virar, mas claramente falando comigo: *detesto as putas, todas elas. Foi isso que ela achou melhor em mim e o que a perdeu.* E depois, já olhando meu rosto: *vamos*.

Eu o tomei pela mão. Contornamos pelo lado mais escuro o salão do cabaré e nos precipitamos pela escada. Íamos a meio quando escutamos o grito de alguém que, ao entrar no salão antes dos banheiros, encontrou caída lá no chão a mulher com o rosto ensanguentado.

Muitos, naquela noite, assistiram à nossa passagem triunfal. Cristo não largou minha mão em nenhum momento nas três ruas que atravessamos. E friamente ignorou os olhares dos que nos viram passar (ele sentira, como eu, que estávamos ligados um ao outro para sempre, que nossas mãos nunca mais se separariam, que nossas sombras ameaçavam se juntar num mesmo estranho e impossível molde?) Chegamos afinal à escadaria onde, eu sabia, Ótima estaria à espera lá no alto, firme, na fortaleza que era o seu mais de um século de paciência.

Sim, subimos aos tropeços e nossos corpos, ao se tocarem nos degraus, emitiam perigosas centelhas, e elas ofuscavam a pequena multidão que, lá embaixo, se juntara para nos ver subir - quem teve o privilégio de nos ver passar certamente soube o que via: éramos dois amantes.

Tínhamos pressa, a noite escorria inexoravelmente e ainda havia tanto a fazer – desembocamos no pequeno *hall* onde Ótima esperava vestida com todas as pompas, pintada como uma dama de outro tempo (uma das mãos segurava um leque): os braços entreabertos, o lábio superior repuxado num rictus triunfal, ela nos recebeu como a vigorosa senhora que poderia ter sido um dia se fossem outros os jogos do destino, nos abraçou aos dois e nos fez entrar e fechou a porta silenciosamente. E sua voz se ouviu, ecoando nas velhas paredes como uma sentença, e a mão de Cristo apertou mais firmemente a minha, e eu repeti em voz baixa a frase que ela disse, e que guardara para dizer a si mesma durante todos aqueles anos:

– Afinal, chegamos. Estamos aqui.

7

No quarto nupcial apenas um detalhe fora alterado: a janela estava fechada com dois potentes cadeados. Mesmo assim, o vento que entrava através das frestas fazia tremular as cortinas, como se elas fossem finas teias. A essa altura tudo já me parecia irreal, ou, pelo menos, além daquela realidade inicial em que me projetara. Comecei a tirar a maquilagem diante do espelho da penteadeira e, vendo minha imagem ali refletida, só então me dei conta de que atravessara todas aquelas ruas, sempre a segurar a mão de Cristo, vestido com os paramentos usados no cabaré – o vestido, as plumas, o rosto de fantasma. Enquanto retirava os cílios, sentia por trás de mim a presença esmagadora. Ele começou a se desnudar, e eu me voltei a tempo de apreciá-lo – queria beber seus gestos.

Seu peito emergiu da camisa entreaberta, era liso e duro, e depois os sapatos libertaram os pés (ele não usava meias). As calças caíram e deixaram ver suas tão sonhadas coxas, e por trás da cueca branca percebi o volume do seu sexo bem abaixo de uma linha ruiva de pelos. Afinal ele estava nu, e era como eu o queria, como o imaginara durante tantos anos: vivera com ele, por sabê-lo meu e à minha espera. Era aquilo o amor sem nenhuma dúvida, aquela presença esmagadora. E logo haveria o cumprimento de um ritual que nos levaria a mutação possível – seríamos um só.

Foi pensando nisso que eu próprio tirei o vestido e os paramentos todos e surgi na meia escuridão, nu e brilhante. Agora era ele quem me olhava (e, tenho certeza, me reconhecia), aquele grego irreal e impossível, Cristo – murmurei seu nome, Cristo, e percebi na mesma hora que só seu nome contava e ele nem mesmo precisaria saber qual era o meu porque não tinha nome o que eu representava.

Ele deu um passo à frente e seu corpo brilhou como um relâmpago azulado. Seu sexo sob a cueca começava a arquear-se terrível. E a súbita consciência disso me fez estremecer, pois acontecia o mesmo comigo, sob o tapa-sexo que escondia aquela parte do meu corpo. Seria assim, comigo a trapacear, que nos encontraríamos? Não, respondi com firmeza, e num gesto rápido arranquei o tapa-sexo, deixando que Cristo visse a minha mais completa nudez. Ele avançou um passo, e parou para se livrar da cueca que a essa altura já o incomodava – seu sexo corcoveou ao se ver livre, empinou-se para a frente e se estendeu como uma flecha em minha direção.

Eu tinha os seios, ele tinha o peito forte e duro. Mesmo assim, éramos iguais, agora sabíamos. Foi após essa conclusão, a que chegamos juntos e sem palavras, que pudemos afinal nos tocar. Os braços de Cristo eram duros e tinham aquele incrível cheiro de homem que eu aprendera a reconhecer e a apalpar na escuridão. Foi quando pressenti - assim, iluminado pela luz que vinha das frestas das janelas e emoldurado pelo silêncio que reinava no quarto: lá fora, atenta, Ótima vigiava. Meu amor me pegou nos braços e pela última vez na vida me senti frágil; e me levou para a cama, e me depositou sobre ela como uma oferta, e deitou seu corpo ao lado do meu, e me beijou nos olhos, e me procurou os seios, e tateou pelo umbigo, e seus lábios reconheceram todos os recantos daquele infernal paraíso e eu gritei, Cristo!, e repeti, Cristo!, e ele emitiu um terrível gemido de homem, e suas pernas se enlaçaram às minhas, e meu corpo pulou para a frente numa estocada incrível, e ele me aprisionou, afinal, com a língua novamente dentro da minha boca, e então relinchei: nós nos cavalgávamos.

Começávamos agora a longa caminhada, o seu corpo contra o meu, os músculos dos braços a se retesarem num abraço aflito. Sim, ele era meu, já não havia dúvidas, nós procurávamos juntos o mesmo porto, suas mãos trabalhavam meu corpo enquanto minha boca descia pelo seu dorso numa prolongada carícia. E depois era ele novamente que começava o trabalho, procurava de novo os recantos mais escondidos do meu corpo e os beijava e deles tomava posse, e formávamos naquela cama virgem um indecifrável quebra-cabeça – ele me chupava e eu o chupava –, cada vez mais próximos um do outro, ele emitia novamente aquele gemido que fora do primeiro homem, do macho ancestral, do primeiro, e eu com meu grito também primal o seguia.

A noite urgia. Era a nossa noite. Depois dela, que mais haveria de novo? Estávamos perto do fim. Nossos corpos davam estocadas um contra o outro, eu podia sentir no meu ventre o suor de sua testa. Voltávamos afinal à primeira posição e na escuridão nossos olhos se encontraram numa pergunta muda: eu o penetraria, ou ele me faria isso? Houve um instante mais em que flutuamos ao sabor da dúvida – sim, nós nos amávamos, não havia mais pressa, a noite interrompera seu escuro percurso. E então pensamos juntos: se ficássemos assim para sempre? Mas isto foi só um pensamento rápido, e depois mergulhamos.

Ele fez um travesseiro escorregar sob minhas ancas e eu levantei o corpo, abrindo as pernas em sua direção. E ele entrou em mim com um grito, e eu novamente relinchei, sim, estávamos lá, quase chegávamos, seus braços pesavam ao redor do meu pescoço e sua boca determinada mordia o meu ombro. Então era assim, eu me ouvia dizer no seu ouvido, porque nunca sentira antes o que ele me dava agora, era assim, eu dizia enquanto meu corpo parecia recuar para trás, cada vez mais para trás ele me empurrava, e nesse mergulho íamos juntos - Cristo! - repeti, mas era a minha ou a sua boca que se mexia, quem de nós dois praguejava? Ele explodiu, afinal, e eu senti como se derramava todo dentro de mim, enquanto eu o perseguia ainda, mas afinal também me despejei quando ele ainda arquejava, uma luz avermelhada cresceu às minhas costas e eu nela mergulhei de vez, levando comigo aquele corpo amado e trêmulo.

Só muitos minutos depois ele ousou respirar, e o fez ainda com medo pois era preciso não alterar aquela incrível ordem que nossos corpos tinham criado.

Não sei quantas vezes voltamos a refazer o mesmo caminho naquela noite. Se me perguntassem agora, não saberia dizer o que falamos. O tempo nos cercava por todos os lados, sabíamos que em breve amanheceria e então o *Achya Marina* partiria, levando-o. Lembro-me que Cristo falou do seu país, que em suas frases havia uma imagem constante: uma planície árida, algumas casas brancas ao fundo e, após uma sofrida caminhada sob o sol do meio-dia, o mar violeta a se perder de vista. Esta era uma lembrança que ele guardava de menino e a perseguia sempre – talvez fosse assim que ele via o seu país, uma recordação que era como um relâmpago.

Enquanto ele falou, durante toda a noite eu explorei seu corpo, tentei retirar dele o mistério que desde o primeiro instante me atraíra, aquela certeza de que era belo e altaneiro, de que nada o poderia humilhar – eu o beijava e sentia o seu cheiro, sim, porque também precisava armazenar minhas lembranças para quando o navio partisse.

Mas, já disse, antes o tempo escorria como areia soprada pelo vento. Voltávamos a nos engalfinhar naquela luta em que os dois saíam sempre vencidos, por minutos parecíamos pairar acima da hora, mas afinal retornávamos à terra – e já era mais tarde, então, e - ai, Cristo! - dentro em breve amanheceria e nossas vidas restariam assim, interrompidas.

Ele me disse, *você soube que isto ia acontecer na primeira vez em que me viu.* E eu sorri. Sim, eu soube, mas como dizê-lo? A tensão constante me fizera um sábio, um especialista em ler o futuro, em perceber o significado dos menores gestos, em prever as mais remotas tempestades. Ali estava eu, um poço de sabedoria, pois aprendera a saber antes dos outros, era essa a única forma de não ser morto em cada esquina do mundo em que vivia.

– Sim, Cristo, quando o vi no Bar do Grego eu soube que você seria meu, e me dediquei, nestes dias todos, a fazê-lo compreender isso. Porque a um simples descuido você nunca o saberia, o navio iria embora e esse desencontro seria irremediável para nós dois, mesmo que você não o soubesse tão próximo.

– A partir de agora tudo muda?

Sim, tudo muda a partir de agora, porque afinal somos um só. E assim ficaremos, você e eu, enquanto o *Achya Marina* cruzar sabe-se lá que terríveis oceanos.

Voltei-me para ele. Ia beijá-lo e começar de novo quando senti o cheiro ameaçador de fumaça. Farejei o ar, e ele fez o mesmo até sentir também. Alguma coisa queimava. Nossas peles se eriçaram pressentindo o perigo – éramos animais sonolentos na floresta, que dormiam, mas ao mesmo tempo estavam atentos, nossa recém-nascida sensibilidade nos levara a isso. Ele levantou o corpo a meio, e olhou a porta. E quase ao mesmo tempo nós vimos: num canto da parede, por uma fresta do teto, a fumaça entrava como um gás terrível.

Pulamos da cama ao mesmo tempo e eu me precipitei até a porta. Ela estava fechada por fora. *Ótima*, gritei, e repeti o nome do velho: *Ótima, a porta está fechada por fora, estou vendo fumaça entrar no quarto, o que está acontecendo?* E Cristo, já ao meu lado, começou a bater na porta com os punhos de ferro. *Ótima, pelo amor de Deus* – eu disse, enquanto observava a fumaça, agora mais forte, descer do alto da parede tomar uma forma que crescia sem parar e já começava a ocupar o espaço do quarto. As cortinas – pude notar ainda, em meio à aflição – estavam estranhamente inertes, não soprava nenhuma brisa. *Ótima!*, gritei. E então sua voz se ouviu do outro lado, calma, sem nenhuma pressa.

– Sim, a porta está fechada, eu a fechei.

– Mas por quê? – E meus olhos não conseguiam mais se desviar da fumaça. Ao meu lado, Cristo, nu, forçava inutilmente a fechadura.

– Porque essa história deve terminar assim. A casa está queimando, eu ateei o fogo.

– Ele é louco – Cristo sussurrou.

– Ótima, foi para isso que você me emprestou o quarto?

– Sim, e sei o que estou fazendo. Escute, Lina, você quer sair daí, tem certeza disso? Depois do que lhe aconteceu neste quarto, ainda quer voltar a ver a luz do dia?

– Sim, quero.

– E para quê?

Sua voz ecoava como se viesse de muito longe.

- Lembra como era a sua vida antes dessa noite? E sabe como será depois? Você quer viver quinhentos anos a esperar sempre, a farejar o ar em busca das coisas a que não tem direito, até ficar como eu? É isso o que você pretende? Não acredito. Você é diferente, eu já lhe disse, você pode, mesmo agora, perceber como é importante ficar aí dentro e se deixar queimar até o fim. Porque aí terá apenas essa noite e não precisará ter medo de esquecê-la.

Louco, louco, pensei, enquanto Cristo se desesperava, corria para a janela também fechada - ah, os cadeados eram para isso, tudo fora planejado pelo velho! Ele se voltava para mim e me olhava frio, me considerando rapidamente, tentando ver em mim algum sinal de culpa, não, Cristo, eu também quero viver, mas, ainda assim – e meu pensamento deu sua primeira volta. Foi quando as chamas irromperam com um barulho ensurdecedor pela fresta de onde antes saía a fumaça e o calor aumentou no quarto: ainda assim, fora aquela noite a que eu desejara a vida inteira. Por que prolongá-la, sabendo que ela se desgastaria, se desmancharia até se tornar apenas uma pálida lembrança? Por que esperar até que meu próprio corpo se entregasse à decadência, até que eu fosse apenas uma sombra digna só de piedade, por que lutar para manter apenas a memória, quando os anos passassem e tudo se tornasse tão distante, tão irreal que não valesse mais a pena?

– Se nós morrermos agora seremos eternos – murmurei para Cristo, sabendo que ele não entenderia.

Lá fora, Ótima bateu mansamente com os punhos na porta, e murmurou, *eu estou aqui, não tenham medo. Ficarei com vocês até o fim, é o que eu quero. Somos só nós três. O mundo está lá fora, a escada está sendo des-*

truída pelo fogo, as mulheres e os homens, amontoados na rua, comentarão: Ótima está lá! Mas ninguém realmente se preocupará em vir buscar-me. Seremos apenas nós três.

As chamas desciam agora a parede, aproximavam-se rapidamente da cama. Uma cortina subitamente incendiada queimou em poucos segundos e caiu, e as primeiras línguas de fogo brotaram do assoalho. Cristo gritou - um grito surdo - e recuou da janela que até então tentara abrir, de novo imponente como o Deus que era. Olhou-me, seus olhos refletiam o fogo e o medo e eu lhe disse, numa tentativa de acalmá-lo: vamos morrer. Ouvíamos as chamas destruindo tudo lá fora. Pareciam cercar nosso quarto e reservar-nos para o fim. *Ótima*, eu disse, mas ela já não respondeu. E num rápido instante a imagem passou diante dos meus olhos – seu vestido branco de dama de outro século. Era assim que ele queria, pensei, enquanto o teto e uma das paredes se transformava rapidamente em brasas, dessa forma é que tudo ia terminar?

Cristo avançou e ficou diante de mim – estávamos nus, os dois. Seus olhos procuravam os meus e tentavam me enviar as terríveis mensagens dos que estão prestes a morrer e imaginam ter perdido uma vida inteira. Eu o encarei e escrevi letra por letra na minha testa aquilo que seria o meu testamento: nosso amor viverá para sempre.

O calor era insuportável, tínhamos poucos minutos mais de agonia e eu tinha medo de que ele não me entendesse, que morresse sem vencer aquele desespero, que partíssemos separados para onde quer que tudo terminasse. Avancei um passo. Ele ainda me olhava, seus olhos eram escuros como um poço, e eu disse pela última vez seu nome, Cristo, e houve um breve, fugaz instante em que sua testa se enrugou – sim, ele entendera. Então seus olhos tornaram-se subitamente claros, cinzentos como tinham sido na primeira noite, mas, ao mesmo tempo, cheios de esperança. Fôramos dois, mas agora éramos um apenas, eu era ele, ou pelo menos ele era aquilo que eu sempre sonhara ser. O fogo nos envolveu repentinamente com um fragor, eu o perdi de vista, e quando o vi de novo (pela última vez) ele se retorcia.

A última visão que tive antes de morrer foi a do meu próprio corpo pairando além das chamas e da fumaça, flutuando lá no alto. Embaixo, na rua, uma multidão atormentada se comprimia em torno do sobrado incendiado. Uma sirene tocava impotente, mas a visão se ampliava, alcançava as ruas próximas, chegava até o mar escuro e quieto e abrangia, no cais, os navios imóveis e suas luzes vermelhas que se acendiam a intervalos.

Onde eu estava agora tudo era tranquilo e frio. Do Bar do Grego ainda saía um som triste de *buzukia*. Mas eu apenas ouvia, pois eu subia cada vez mais alto e pairava acima de tudo. A zona do cais do Recife ficava cada vez menor lá embaixo. Mas Cristo estava ao meu lado. Sempre segurando minha mão, ele também não olhava para trás enquanto seguia comigo. Perceber isso me trouxe finalmente a paz. E foi só então que fechei os olhos e morri.

(1977)

Fim

ACERTE NA LOIRA

Ela já nasceu loira. E assim continuou, naturalíssima durante toda a vida, mesmo após chegar à idade em que as mulheres, não sem certa amargura, são obrigadas a reconhecer e tornar público que devem a cor dos seus cabelos às tinturas. Ao fazer sessenta anos, parou de se preocupar com a inevitável passagem do tempo. Decidiu que nunca mais faria aniversários, e assim não ultrapassaria a perigosa fronteira entre a decência e a velhice. Já então ficara viúva de quatro maridos, todos com as mesmas características: eram muito ricos quando casaram com ela e tombaram vítimas de mortes suspeitas. Isso lhe valeu o apelido criado pela mídia e que passou a ostentar com um secreto orgulho – além de a Loira ela se tornou também a Viúva Negra.

Se foi ou não responsável pela morte dos maridos, como dizem os maledicentes sem conseguir disfarçar o gozo, é mistério a ser desvendado pela polícia e talvez por nós nos apontamentos que se seguem, os quais comprovam que se a vida é uma loteria nossa Loira é mesmo uma sortuda, pois acerta sempre sem que ninguém consiga acertar nela.

Além da fama de implacável predadora, alguns processos na justiça, uma prisão temporária e uma condenação por homicídio depois anulada, as mortes dos maridos ricos lhe renderam muito dinheiro. Assim a Loira, agora também Viúva Negra, pode tomar seu avião particular e se dar ao luxo de mudar de casa, de país ou de continente sempre que lhe der na telha, ou quando algum dos processos de homicídio a ela atribuídas por alguma razão espúria voltam a ser notícia. Não que precise fugir por conta de algum deles – e se precisasse não o faria. Mas, como ela mesma diz: apenas porque nestas ocasiões precisa ficar recolhida para melhor se proteger da acidez venenosa da mídia e do ódio dos que lhe cuspiriam na cara e a chamariam de assassina se pusesse os pés dentro de um avião de carreira.

Sim, porque, mesmo que a cada marido morto se tornasse cada vez mais rica, e nos inquéritos sobre essas mortes acabasse inocentada em todas as instâncias, a Loira nunca conseguiu se livrar de dois caçadores implacáveis para os quais, fosse qual fosse o veredito da justiça, ela seria sempre culpada: a mídia e o promotor João de Deus Fialho, aquele que de vez em quando desencavava um dos seus processos e o transformava de novo em notícia; o homem austero e íntegro que, palavras dela, a escolherá para lhe dedicar todo o seu tempo e assim, se ela fosse mesmo uma assassina, um dia ser sua vítima.

Por maior que fosse sua fortaleza, sempre que falava de Fialho seus lábios fremiam. Não que o temesse. Quando perguntada sobre o modo obsessivo como o promotor lhe dedicava boa parte do seu tempo de servidor público, ela respondia, após uma pausa dramática: “ele decidiu me entregar a própria alma". E quando dizia isso Arlete Siqueira – o nome de solteira que ela não mudara nas cinco vezes em que fora casada – para muitos não estava longe da verdade. Sim, o promotor a perseguia, digamos assim, obsessivamente. E sim, ele tinha certeza de que um dia conseguiria provar um dos seus crimes de forma irrefutável e depois disso os outro também lhe seriam atribuídos em cascata que se transformaria numa cachoeira de pura lama.

Arlete já enfrentara o Promotor Fialho várias vezes em interrogatórios a que ela se submetera por vontade própria e à revelia dos seus advogados. Nessas ocasiões, em que se digladiavam como dois espadachins de séculos passados presos um ao outro por conta de um duelo interminável, a Loira sentia uma certa tensão sexual no promotor que a deixava sempre excitada, porém jamais confusa. Por mais que o embate entre eles fosse em clima dúbio a Loira nunca perdia de vista o fato de que aquele era seu maior inimigo e que, se demonstrasse fraqueza, ele seria implacável. Por isso o enfrentava como se a continuação de sua vida dependesse de cada vírgula usada entre as palavras que lhe dissesse. E, após tantas mortes suspeitas e as muitas explicações que tivera de dar por conta de cada uma delas, Arlete sabia melhor que ninguém como ser evasiva. Quando se via quase acuada por Fialho, era pelo caminho da evasão que fugia. Mas fazia isso sem nunca deixar de ser fria e objetiva.

"Fria como uma navalha esquecida dentro de um balde de gelo": Era assim que Fialho a definia, pois, competente na profissão, era péssimo nas ocasiões em que, ao escrever seus relatórios, se imaginava um Graciliano Ramos e se deixava levar pela baixa literatura. Solteirão – "porque nenhuma mulher me atura" – especialista em direito penal e literatura policial de segunda classe, de conduta ilibada, com a existência regida por tudo que está sacramentado nos Códigos (mas não na vida), o Promotor João de Deus Fialho era um homem discreto e íntegro. Por isso, sempre que se lembrava de Arlete (o que acontecia com frequência) e dava um jeito de reabrir um dos processos que não tinham provado nada contra ela, jamais confessava a si mesmo que assim o fazia porque já sonhara em tê-la esmagada sob seus pés, ou nua e amarrada numa cama.. Não, ele se dizia: o que pretendia era "fazer justiça".

E neste caso o que seria justo? Provar que a Viúva Negra fora responsável pelas mortes dos maridos. Isso lhe permitiria colocá-la no lugar "onde já deveria estar há muito tempo" – na penitenciária, palavra que nos remete com toda rapidez possível a uma outra que é: martírio.

Teria o promotor João de Deus Fialho razão? Era o que se perguntava a mídia sobre o famoso "caso da Viúva Negra" a cada reabertura de um dos seus processos. Afinal quatro maridos mortos em circunstâncias trágicas era coincidência demais na vida de uma mulher, coincidência ainda maior porque todos eles tinham a mesma característica – eram prodigiosamente ricos.

Mas no entanto...

A única vítima mortal comprovada e confessa de Arlete – se é que se pode classificá-la como tal sem ser injusto – não foi um marido, mas o melhor amigo do primeiro deles. Foi por causa deste crime, o único reconhecido pela Loira, que ela foi parar na cadeia, onde poderia ter ficado não fosse o empenho e o dinheiro do consorte. Este aceitou a versão da esposa segundo a qual o amigo se aproveitara da ausência dele para invadir a casa dos dois e tentar estuprá-la; razão por que, "em legítima defesa", ela lhe dera cinco tiros - "e se mais não dei foi porque a arma não tinha mais balas".

O marido, chocado com a atitude canalha do amigo, não deixou de defendê-la nem mesmo quando surgiram evidências de que na verdade o outro aproveitara a ausência dele e fora à sua casa romper o caso secreto que mantinha com sua esposa. Arlete, que estaria apaixonada pelo amigo do marido, não aceitara o rompimento. Por isso pegou a arma que estava numa gaveta, lhe deu o primeiro tiro durante a discussão e os restantes quando ele tentava sair de sua mira ainda com vida.

Esta versão, que motivou a única prisão da Loira e sua passagem pelo banco dos réus, surgiu a partir do depoimento de uma ex-criada. Mas essa fora demitida pela acusada "por justa causa" dias antes do crime e não tivera direito sequer a um tostão furado. Por isso o seu depoimento, "fruto do ressentimento e da vingança" como frisaram os advogados de defesa, foi de tal modo posto em causa por estes que ela acabou desmoralizada e processada por falso testemunho enquanto Arlete foi absolvida.

Poucos meses depois o marido, fiel defensor da esposa ultrajada, se matou com um tiro quando estava sozinho em casa, segundo Arlete "por não conseguir superar a traição do amigo e o escândalo que resultou tudo isso". Inconsolável no enterro, dias depois a viúva não piscou sequer um cílio quando o advogado do morto lhe informou que, além da fortuna aqui no Brasil, ele lhe deixara alguns cofres abarrotados de dólares em contas secretas num dos bancos da Suíça.

Neste julgamento houve o primeiro embate entre a futura Viúva Negra e João de Deus Fialho, já que ele atuou na acusação. Depois que ela foi absolvida – matara sim, concordou o júri e o juiz, mas "em defesa da honra"-, o então jovem promotor impetrou todos os recursos possíveis na tentativa de conseguir a reabertura do caso. Mas todos foram recusados por zelosos juízes.

Enquanto Fialho sofria seguidas derrotas nas várias instâncias da Justiça em sua tentativa de reabrir o caso da futura Viúva Negra, seis meses se passaram e, ao fim destes, Arlete já estava casada de novo. O segundo marido, proprietário de uma rede de supermercados com penetração em todo o Sudeste brasileiro, era cem vezes mais rico que o primeiro. Mas toda esta riqueza não foi suficiente para que ele sobrevivesse muito tempo ao casamento ou, melhor dizendo, a um sequestro que Fialho considerou "rocambolesco". No décimo mês de vida em comum com Arlete, separado dela durante quarenta dias e sem que a esposa se decidisse a pagar o resgate o resgate milionário, que o permitiria voltar aos seus braços, ele foi morto pelos sequestradores no cativeiro.

A razão para que Arlete não negociasse a libertação do marido com os sequestradores – que nunca foram presos ou identificados – foi dada por ela à imprensa de modo simples e direto:

"Nunca se deve negociar com bandidos".

Esta sua intransigência, sibilaram as más línguas, é que resultou na morte violenta do segundo marido. Tanto que talvez tenha sido remorso o que a fez derramar muitas lágrimas durante o enterro dele. Mas, de novo, quando os testamenteiros lhe disseram qual era o real tamanho da fortuna do dono de supermercados ao qual unira sua vida ela não crispou um músculo do rosto e não piscou sequer um cílio. Apenas saiu dali direto para o aeroporto, onde embarcou no primeiro avião para a Suíça e lá foi tomar posse das joias que o marido guardara depois de resgatá-las de um primeiro e malfadado casamento.

Desta vez foi ainda mais difícil para o Promotor João de Deus Fialho acusá-la de alguma coisa, já que se tratara de um sequestro testemunhado por várias pessoas à saída de um dos supermercados da vítima. Meses depois apareceu um cidadão que disse ter participado do crime na qualidade de carcereiro e acusou Arlete de ter planejado tudo com seus cúmplices. Mas estes, mesmo identificados por ele, nunca foram encontrados. E isso, além do fato de que em sua versão do sequestro havia muitas peças que não se encaixavam, acabou por desacreditá-lo. O caso terminou sendo arquivado. E o delator, dado como louco, está internado até hoje no hospício no qual, até hoje, repete sua história sem que ninguém mais suporte ouvi-lo.

Em vez de sair correndo atrás de um novo marido a Loira desta vez preferiu guardar o luto. Ficou mais de um ano solteira até que um novo pretendente invadiu seu coração, sua vida e sua casa, mas não o seu cofre, pois ele, tal como os outros, era muito rico. Dizia-se negociante. Mas depois de sua morte – já direi em que circunstâncias – descobriu-se que era um comerciante, sim, mas de armas ilegais. Ele as vendia, sem o menor remorso, primeiro para guerrilheiros então em plena atividade nos vários países do Cone Sul e depois, quando estes foram todos mortos, para seus substitutos naturais – os narcotraficantes.

Não é preciso dizer que Arlete ficou chocada quando os negócios do marido foram revelados. Recortes de jornais da época a mostram com um ar de absoluto espanto em fotos cuja legenda é, com ligeiras variações, a mesma frase: “eu não sabia”! E mais chocada ainda ficou quando ele, sob prisão domiciliar depois de pagar uma fortuna aos advogados que o tiraram da cadeia, tropeçou na escadaria da mansão em que viviam, rolou pelos degraus alcatifados e foi quebrar o pescoço lá embaixo.

Onde ela estava enquanto essa tragédia transcorria? No seu banho diário de espuma, como testemunhou a criada que nessas ocasiões ficava com ela para esfregar suas costas. Foi por causa do barulho da água, que jorrava sem cessar da torneira de prata, que elas não ouviram nada. E como esses banhos de espuma de Arlete duravam horas, as duas só foram achar o morto quando seu corpo já estava frio.

Dessa vez ela chorou mais que das outras. No velório, na cerimônia de cremação do defunto e principalmente na reunião em que os advogados lhe disseram que toda a fortuna dele estava bloqueada pela Justiça. Chorou até mesmo quando confidenciou a algumas amigas que o morto era bom de cama, aliás, não apenas bom, mas ótimo, melhor que qualquer outro dos seus ex-maridos. Mas não chorou quando os advogados lhe comunicaram que, depois de procurar as pessoas certas e gratificar todas elas, conseguiram que os bens bloqueados fossem entregues a quem de direito, ou seja, à viúva.

A morte de Danton – era este o improvável nome do traficante de armas – afetou a Loira mais que as outras. Tanto que, no começo de uma depressão, ela acabou por procurar uma psicanalista de formação lacaniana, a qual a maltratou enquanto pôde para que revelasse de que modo tinha sido abusada pelo pai. A teoria dela – que a Loira sempre considerou absurda – era que tudo de ruim que acontecia com os homens que se atravessavam no seu caminho tinha como motivação seus desejos subjetivos de expiação e vingança contra o primeiro homem de sua vida - o seu original “papaizinho querido”

O modo como a psicanalista lacaniana tentava conspurcar as relações de Arlete com o pai fizeram com que numa das sessões ela lhe dissesse poucas e boas (todas impublicáveis) e abandonasse o tratamento. Na saída do prédio em que ficava o consultório da doutora a indignação talvez – ou o jejum a que então se submetia para perder alguns quilos – lhe provocou uma tontura. Para não cair, ela apoiou a mão num poste. E, quando a tontura passou e ela pode afinal retirá-la, viu que a pousara sobre o anúncio no qual uma certa Mãe Gertrudes de Ossanha se apresentava como “aquela que tudo vê, tudo sabe e tudo pode”.

No meio de uma crise emocional séria, porém disposta a fugir de qualquer tratamento mais convencional, de modo um tanto ou quanto alucinado Arlete viu naquele anúncio uma possível saída para seus males. Ah, poder se abrir com alguém, contar tudo que realmente lhe acontecera nesses anos todos de infortúnio sem que o ouvinte, horrorizado com o que ouvira, ligasse na mesma hora para a polícia e a denunciasse... Como ela ansiava por este confidente bondoso. Mãe Gertrudes podia ser esta pessoa – foi o que lhe disseram naquele exato instante, num coro celestial, todos os mortos de sua vida pregressa, com os quais – sim! – de vez em quando ela conversava. Assim, depois de anotar o endereço daquela que tudo via tudo sabia e tudo podia chamou o primeiro táxi, ordenou ao motorista que a levasse até lá, e quando ele a alertou – "é muito longe" –, ela lhe disse:

"Não se preocupe, eu pago em dobro".

Sim, porque ela sabia quando era preciso deixar para trás qualquer mesquinharia e pagar o que o produto valesse. Foi o que fez depois de atravessar meia Baixada Fluminense e adentrar a sala minúscula na qual Mãe Gertrudes atendia: resolveu que também lhe pagaria em dobro. Pois a vidente, de costas para ela e ainda sem vê-la, mal percebeu que ela entrara e já lhe disse: "atrás de você vem uma fileira de mortos". E, depois de se virar e a encarar de cima abaixo com o olhar de quem tudo vê, tudo sabe e tudo pode profetizou: "e em breve haverá outro".

Era disso que Arlete precisava. De alguém que visse tudo que acontecera ou ainda estava por acontecer em sua vida sem recriminações ou julgamentos. Mãe Gertrudes, antes mesmo de olhar para ela, vira e ouvira tudo... E de bônus ainda previra seu futuro, aliás muito próximo. Pois ao sair dali após algumas horas, sem saber onde acharia um táxi naquele fim de mundo, depois de andar durante muito tempo até perder completamente o prumo e o rumo, viu uma possante BMW parar ao seu lado. E, ao ouvir o motorista lhe perguntar se queria uma carona, tal como

Mãe Gertrudes a ajudaria a fazer nos próximos anos soube e viu que o dono daquela voz era um homem muito rico, seria seu quarto marido e em breve estaria falecido.

Mas, ansioso por chegar ao final das minhas considerações sobre a Loira, estou me antecipando. Antes devo dizer que a ligação entre ela e Mãe Gertrudes com o tempo se tornou visceral. A tal ponto que a vidente foi promovida a sua conselheira exclusiva e passou a ver, ouvir e poder apenas para ela. Pela exclusividade a Mãe lhe exigia muito – às vezes quase o impossível. Mas Arlete nunca lhe negava nada, pois Gertrudes nunca errou ao lhe dar um conselho ou prever quais seriam as próximas peripécias que lhe reservara o futuro.

Numa dessas vezes ela lhe anunciou que seu quarto marido já aparecia na fileira de cadáveres que perambulava atrás dela embora ainda estivesse vivo. E assim Arlete soube que já passara da hora: aquele homem com quem casara pela quarta vez, tão gentil que fora capaz de lhe confiar as senhas de suas contas no exterior – "para o caso de me acontecer alguma coisa", lhe dissera – em breve seria mais um na sua pranteada lista de maridos que tinham feito a passagem.

O nome dele era Josué. Porem nessa história o profeta era outro, ou seria melhor dizer outra. Pois Mãe Gertrudes fora capaz de prever com extrema precisão a hora exata em que ele partiria deste para o outro mundo quando seu coração parasse de bater de modo rápido e misterioso.

Fialho, que a essa altura também investigava a vidente por considerar suspeita sua ligação com Arlete – ele dizia que as duas tinham se tornado "unha e carne ou vice-versa" – deduziu que tal causa mortis, para os peritos inexplicável, só poderia ser atribuída à ingestão pelo morto de alguma poção maléfica. Mas a necropsia, os exames toxicológicos e toda a parafernália que os legistas aplicaram no cadáver se revelaram inúteis. A única conclusão possível foi que o coração dele parara. E foi isso que constou no atestado de óbito: o morto sofrera uma parada cardíaca e ponto.

Mais uma vez Arlete pranteou seu morto o quanto pôde. E só depois que suas lágrimas secaram partiu rumo ao pouso seguro de sempre: a Suíça, ou mais precisamente Genebra, onde a essa altura tinha uma casa, e onde o morto mantinha contas às quais, num momento de desvario romântico, lhe dera pleno acesso. O que ela encontrou lá só Mãe Gertrudes soube. Mas posso lhes garantir que foi muito. Tanto que, depois de transferir o que era do morto para o seu nome, ali mesmo, no salão de cofres onde só em joias ela já tinha uma espantosa fortuna, fez uma promessa a si mesma:

"Chega de casamentos. Nunca mais quero saber de homens na minha cama".

Mas esta foi uma daquelas juras feitas para não ser cumpridas. Pois ela já sabia, através das infalíveis previsões de Mãe Gertrudes, que algum dia um certo homem iria deitar em sua cama na qualidade de marido. Seu nome era João de Deus Fialho, notório e eficiente promotor público. E ele também acabaria morto como os outros. Portanto, até lá seria melhor não perder a prática. E para isso, tal como o pianista genial que todos os dias dedilha durante horas as teclas do seu piano, era preciso continuar treinando.

Foi assim que, quando a certa altura cruzou seu caminho um gentil e muito rico velhinho de 84 anos chamado Eufrásio, apesar de sua jura em contrário a Loira acabou se casando de novo. É ele quem está agora lá em cima num quarto de sua mansão, com a saúde seriamente abalada, enquanto ela aqui embaixo se prepara como se fosse uma sacerdotisa minutos antes de um ritual. Pois está na hora de levar para ele um certo, santo e milagroso remédio que a certa altura o levará a ocupar seu posto na fileira de homens que, segundo Mãe Gertrudes, a segue como se fosse o seu invisível e invencível exército de maridos eternamente fiéis... E mortos.

(2004)

FIM

Os acrobatas liam Júlio Cortazar antes de subir ao trapézio

Eu nunca lera nada sobre este cara chamado Júlio Cortazar. Mas pederastas já vira muito, desde os tempos do colégio, quando nós os humilhávamos no banheiro onde, ao contrário de nós – os machos – eles não pareciam ter suado depois das aulas de educação física. Isso sem falar nas vezes em que, já rapaz, cruzava com um deles nos cinemas, nos corredores mais escuros, nos mictórios públicos e nos desvãos das madrugadas sombrias, locais e ocasiões em que esse tipo de gente parecia se sentir mais à vontade.

Aqueles quatro, no entanto, me pareceram estranhos desde o primeiro instante. Primeiro porque andavam em fila, ordenados, um atrás do outro e todos silenciosos, muito sérios. Depois porque havia uma coisa difícil de explicar em seus corpos. Embora andassem calmamente e evitassem gestos inúteis, a verdade é que, misturados às dezenas de pessoas que se encontravam na estação rodoviária naquela madrugada, mesmo que estivessem parados, ou até se fossem estátuas, eles me pareceriam prestes a alçar voo logo os visse. Era como se o chão fosse para eles um rápido descanso, um momento antes de uma revoada para o céu, ou ao menos para os travões de ferro que cruzavam o teto inacabado da estação.

Foi assim que os vi a primeira vez, quando passaram mergulhados no próprio silêncio: em fila, carregando a bagagem que não me pareceu muita – duas ou três valises. E mais ainda depois, quando cruzei com eles à porta do ônibus que nos levaria a São Paulo – calçavam sapatos de borracha, eu observei, e aquele silêncio que faziam seus pés ao caminhar parecia um só e planejado, metrificado e posto a funcionar numa espécie de esquema: sendo quatro, eram ao mesmo tempo um só, tão semelhantes pareciam, como se ligados pelo ritmo que os conduzia.

Agora me perguntem como é que soube que se tratava de pederastas. Ora, isso de certa forma eu já respondi. Acontece que os conhecia sempre, os pederastas, mesmo que estivessem imóveis e de olhos fechados. Até quando estavam de costas eu tinha facilidade de reconhece-los, não importa se não repetissem os gestos e maneirismos que tornava acintosa a raça, pois eram iguais naquele olhar oblíquo, na maneira como punham um pé diante do outro, o da frente ligeiramente desviado para a direita ou para a esquerda, apontando nesta ou naquela direção quando eles seguiam em outra.

Muitas vezes, em determinados locais, eu vira quando um deles entrara: discreto, silencioso e solitário, cumprira esta ou aquela missão e se retirara. E eu dizia para mim mesmo, é um deles, e olhava em volta surpreso, já que ninguém além de mim o notara. Às vezes, se estava acompanhado, não resistia e falava com minha companhia, viu só aquele pederasta? E o outro, surpreso, perguntava, mas quem? Ou comentava, depois que eu o apontasse: será mesmo? E, ante a minha afirmativa: como é que você sabe?

E dessa vez ainda tinha mais: era madrugada, a hora preferida de todos eles para suas sortidas. Uma hora da madrugada na estação rodoviária. Só a essa hora escusa eles ousariam viajar, tomar um ônibus para São Paulo, mesmo sendo quatro. Chegariam lá às sete horas e ainda gozariam um pouco do frio da manhã. Beberiam um café nos bares próximos da estação e depois desapareceriam com suas bagagens pelas ruas próximas, como se fossem consumidos pelos primeiros raios do sol. Criaturas do escuro que eram, à noite seria fatal encontrá-los outra vez em algum bar ou beco escuso.

E lá estavam eles e eu. Abriram a porta do ônibus e o motorista foi recebendo os bilhetes dos passageiros. Alguns ainda se despediam dos que os tinham levado até ali - trocavam beijos e abraços como se São Paulo ficasse no fim do mundo. Os quatro entraram um a um à minha frente no ônibus ainda meio escuro. Eu os segui, tateei tentando encontrar o número do assento que me fora reservado e, embora ainda não tivesse pensado nessa coincidência em nenhum momento, não fiquei surpreso quando, ao sentar-me, percebi que um deles viajaria ao meu lado.

Olhei de esguelha para ele, pensei aborrecido que, no meio de viagem, ele encostaria o joelho no meu, talvez tentasse até me apalpar e procurei manifestar meu aborrecimento de alguma forma: acendi a luz individual, procurei o cinzeiro, achei nele uma ponta de cigarro, deixei que um palavrão me escapasse por entre os dentes, mas o rapazinho não me deu atenção. Ao contrário, abriu calmamente sua valise, retirou de dentro dela um livro, acendeu sua luz individual e começou a ler.

Esperei mais aborrecido ainda que seu cotovelo roçasse no meu – o livro poderia ser um simples pretexto - , mas os outros passageiros entraram, o motorista também, a porta foi fechada, acesas as luzes e o ônibus deu partida. Os outros dois estavam sentados à minha frente, juntos no mesmo banco e o quarto, à minha esquerda e um pouco atrás, acomodara-se próximo a um velho. O ônibus já seguia e eu comecei a pensar em descontruir os músculos e tentar dormir.

Foi quando, de esguelha, olhei o livro que ele estava lendo. Aberto na página trinta e dois, trazia o nome do escritor no alto de uma página: Júlio Cortazar. E na seguinte, também no alto, o título: Rayuela. Eu não sabia o que significava o raio dessa palavra, mas ela, mal a li, brilhou no escuro como se fosse mágica. Tanto isso aconteceu, que no mesmo instante a pergunta avolumou-se na minha boca e, amarga, cheia de bílis e esverdeada, transpôs a barreira dos meus dentes, rompeu a fraca contração dos meus lábios e espalhou-se na área próxima ao meu rosto - a pergunta como fosse uma brisa, sibilina e meio morna:

"Você lê esse cara?"

Sim, porque ao mesmo tempo me lembrara: em algum lugar, talvez num jornal ou revista, lera qualquer coisa sobre este sujeito, Cortazar, que escrevia e era misterioso, uma dessas situações pouco másculas que os escritores e artistas costumam alimentar. E, também ao mesmo tempo, lembrava agora: aquela palavra, quando a lera no artigo, ficara gravada dentro de mim, Rayuela, à espera deste momento. E só porque ele ainda não havia chegado é que eu disse, antes, que nunca lera nada sobre este Cortazar.

O rapaz, que no rápido instante a seguir me pareceu já esperar pela minha pergunta, respondeu sem me olhar – "nós lemos sempre Cortazar desde que o descobrimos em Paris". E então, me olhando pela primeira vez de frente com seus olhos que não ousei encarar (tive a impressão que se o fizesse começaria a resvalar numa direção contrária à minha), explicou:

"O Waldo descobriu que nós somos seus personagens quando subimos ao arame".

E, como se buscasse a conclusão da frase no mais escuro de todos os poços profundos:

"Somos equilibristas".

Foi aqui que me apareceram, como se impressas no ar ou gravadas em acinzentada fumaça, as palavras da manchete de um dos jornais do Rio de Janeiro: *Secretário de Segurança proibiu a exibição dos Irmãos Fantini*. Outra vez perguntei:

"Irmãos Fantini?"

"Sim", respondeu o outro. "Embora não sejamos irmãos, nem nos chamemos Fantini, a não ser o Waldo, que tem esse sobrenome. Mas quando estamos no alto, sobre o fio, combinamos como se fôssemos da mesma família".

O fio: era lá que eles fariam a exibição. No fio de aço estendido entre dois prédios, cruzando a avenida central da cidade à altura do décimo-segundo andar. Os Irmãos Fantini, segundo o jornal pernambucanos famosos em toda a Europa, atravessariam um a um caminhando sobre o fio. E receberiam, em troca de tão incrível proeza, as doações que o povo carioca quisesse oferecer. Com o dinheiro obtido pretendiam retornar ao assim chamado Velho Mundo. Porém, proibidos pelo Secretário de Segurança – que vira no espetáculo uma ameaça em potencial aos nervos da população – tinham anunciando uma possível exibição em São Paulo, para onde agora se dirigiam - eles e eu no mesmo ônibus.

"Deve ser difícil esse troço de equilibrismo, não é?"

Fiz a pergunta e na mesma hora percebi que minha voz, novamente, não me obedecia. E o rapaz, agora sem se voltar, entreabrindo o livro e folheando suas páginas – e, ao que me pareceu, retirando delas as frases que me dizia -, comentou sem sair de sua calma:

"Depende. É uma questão de especialização. A mesma coisa que ser datilógrafo ou motorista de caminhão. Difícil mesmo é encontrar o parceiro, pois não tem a menor graça fazer a travessia sozinho."

"E vocês estão juntos há muito tempo?" – arrisquei. E ele:

"Nós nos conhecemos numa feira. Cada um de nós, embora com certa dificuldade, caminhava na corda bamba. E assim conseguíamos donativos suficientes para levar uma vida de miséria. Isso mudou quando nos encontramos. O Waldo é que percebeu as excelentes oportunidades que teríamos se nos juntássemos. Nós nos recolhemos a um sítio lá no Recife para treinar, fizemos isso com afinco e depois de alguns meses, quando nos consideramos prontos, cumprimos, fizemos nossa primeira exibição.

O ônibus seguia rápido e inevitável. O rapaz, que eu sabia ser pederasta – embora ele não traísse nenhum dos maneirismos habituais à raça – parecia me envolver com sua voz. Suas palavras eram pronunciadas num sussurro. E nem precisei verificar isso para ter certeza de que nossos vizinhos mais próximos não nos escutavam. Um deles, sentado no banco da frente, até ressonava forte, quase roncava. E a voz, que soava como se o rapaz falasse com os lábios encostados no meu ouvido:

"Nossa primeira exibição foi um sucesso. O Waldo decidira que viveríamos apenas do que o povo nos oferecesse. E foram muitos os donativos. Quando estávamos no ar, em plena travessia, pude escutar o silêncio gelado que se fazia lá embaixo. E quando o último de nós deu o passo final e se precipitou em direção à janela de onde o fio saía, ouvimos os quatro alguns soluços antes que viessem as palmas e os gritos entusiasmados".

"O povo se entusiasma facilmente" – eu disse. E o rapaz continuou:

"E mais facilmente ainda se emociona. Waldo pedira que não ficássemos frios ante aquele entusiasmo e toda a emoção que o seguiu. Ela valia por tudo que algum dia pensássemos em ganhar".

Anotei mentalmente esse nome, Waldo. E a ele acrescentei o sobrenome: Waldo Fantini. Um deles, o que usava óculos escuros, deveria ser o próprio. Perguntei:

"O Waldo usa óculos escuros?"

E o rapaz respondeu que sim:

"Viu nosso retrato nos jornais?"

Sem poder responder ao certo, resmunguei que sim, e ele continuou, já agora sem que eu fizesse qualquer pergunta:

"Tanto dinheiro recolhemos nessas exibições que resolvemos viajar para a Europa, pois sabíamos que lá nossa arte seria ainda mais apreciada. Cruzado o oceano num cargueiro norueguês. Nossa primeira exibição foi em Lisboa, onde os portugueses nos pareceram bastante apáticos. Mesmo assim, alguns deles – acho que os mais humildes – choraram quando cumprimos no fio os últimos passos. Proibidos em Madri, pudemos fazer uma exibição em Barcelona e lá... Novas lágrimas".

"Ficaram muito tempo na Espanha?"

"Seguimos para a França. Paris nos deu apenas alegrias, embora nessa alegria notássemos um certo ar de falsidade. A impressão que tivemos é que lá tudo é programado para dar ao visitante uma constante sensação de euforia".

"Como se fosse uma droga?"

"Mais ou menos isso. Mas foi em Paris que tivemos a felicidade de descobrir Cortazar – ou nele nos descobrir. Apesar do dinheiro ganho vivemos sempre modestamente. Evitamos o luxo que, sem dúvida, poderá fazer mal aos nossos corpos e às nossas mentes. Certa manhã Waldo entrou precipitadamente no quarto que ocupávamos num hotel humilde e exibiu o livro: Rayuela. E explicou que o senhor Júlio Cortazar, que era argentino, mesmo sem nos conhecer havia escrito em suas entrelinhas a nossa história.

"Desde então passamos a ler o livro em rodízio, diariamente, ora um, ora outro. O Waldo, e apenas ele, fez várias anotações que sempre estudávamos. A cada leitura descobríamos novas palavras e outras significações. É como se o livro crescesse sempre, fosse aumentando a cada dia o seu número de páginas. E nós estávamos sempre em todas as suas linhas".

O rapaz me explicou depois que nem tudo fora êxito na breve carreira do grupo. De volta ao Recife, onde cumpriram outra exibição – já agora com a fama da Europa – tinham sido roubados em quase tudo. E no Rio de Janeiro, onde o dinheiro já se tornara escasso, tiveram proibida o que seria a única apresentação. São Paulo, para onde o ônibus nos levava cruzando aquela escura noite, era para eles a nova esperança:

"Se ganharmos o bastante voltaremos para a Europa."

E, sempre folheando o livro sobre os joelhos, falou mais de suas exibições. Citou três outras vezes o Waldo e eu perguntei quase aborrecido: "mas esse Waldo é quem manda no grupo? É ele o chefe?"

O rapaz respondeu que sim. Das mãos de Waldo é que saía toda a garantia do sucesso. Era ele quem iniciava a travessia. E o fazia quando o fio sequer estava estendido, pois a tarefa de estendê-lo era ele quem cumpria com seus próprios passos. Lançava-se pela janela a fora do décimo-segundo andar em direção ao vazio, cumprindo assim uma dura batalha contra as inflexíveis noções de gravidade e peso nas quais as pessoas lá embaixo – os olhos pregados no alto – teimosamente acreditavam. E dessa batalha saía sempre vencedor. Seu corpo avançava de dentro de si mesmo a cada passo, no centímetro seguinte já seu corpo sendo outro, e sempre trazendo entre os dentes a ponta do fio que para trás ficara preso à primeira janela.

"O Waldo, sim, ele mesmo o de óculos escuros... Enquanto lá embaixo a multidão rezava para que ele rompesse realmente a barreira das leis, pois Waldo era uma pessoa comum, era um deles afinal e por isso sua vitória seria de todos. Na janela que servira de ponto de partida nós, os outros irmãos, não estávamos sequer tensos – tanto confiávamos na vitória. Apenas esperávamos nossa vez de atravessar a rua sobre o fio que do nada o Waldo estendera."

O rapaz disse isso e, como se não tivesse dito nada, apenas voltou à leitura do seu livro. E então senti que, desde a primeira vez que os vira na estação rodoviária - ou mesmo antes, quando lera nos jornais a notícia com seus nomes, ou mais antes ainda, quando ouvira falar sobre Cortazar e Rayuela - eu não fizera outra coisa senão me desprender de mim mesmo, despencar ou resvalar em direção contrária à que tinha traçado para toda a minha vida.

E dentro daquele ônibus o que mais me aconteceria? Perguntei: "mas o Waldo, esse Waldo" – e o rapaz me interrompeu com um meio sorriso:

"Já sei. Quer conhecê-lo, não é?"

Nem respondi que sim, apenas me levantei ao mesmo tempo que ele. Lá na frente, notei que o quarto elemento do grupo se postara junto aos outros dois – um destes era o Waldo – e senti que os três me esperavam.

Caminhamos eu e o rapaz naquela direção. Lá, Waldo dormia, a cabeça encostada suavemente à janela, os óculos escuros guardados no bolso da camisa. Ele dormia, mas acordou ao segundo chamado do rapaz - ergueu a cabeça e lentamente entreabriu os olhos. Eu forcei os meus e o encarei. Mas, dentro dos olhos dele, nada mais pude ver além da brancura que, como se fosse o nada absoluto, me fitava. Pois Waldo Fantini, o líder dos infalíveis irmãos equilibristas, atingido na infância por um terrível mal, era definitivamente cego.

Quando percebi isso tudo para mim ficou explicado: a viagem, os quatro rapazes, o fio da navalha... Estava tudo ali, eu podia ver agora. E foi assim, enquanto o ônibus penetrava cada vez mais fundo na escuridão daquela noite, que fechei os olhos e me lancei do trapézio, mesmo sabendo que lá embaixo não haveria nenhuma rede.

(1969)

FIM

VENDEM-SE CORAÇÕES DESPEDAÇADOS

Repórter. Escritor: as duas palavras, pronunciadas num tom claramente irônico por Vera Regina — um rapagão ainda mais alto por causa dos tamancões que calçava —, provocaram um verdadeiro tumulto na *colméia*; vários cubículos tiveram suas portas abertas ao mesmo tempo para melhor deixar passar os palavrões que seus ocupantes gritaram; e do fundo do corredor uma das mulheres, mais ousada, ergueu em minha direção o fundilho das calcinhas de renda e fez uma observação bastante objetiva sobre o melhor lugar onde colocar o meu nariz. Mas Vera Regina, antiga estrela de *shows* de décima quinta categoria, não se mostrou impressionado com o que chamou de o agito da plateia. E prosseguiu com a apresentação, dominando aos poucos a cena e atraindo para mim a atenção definitiva das mulheres que se enfileiravam, seminuas, no corredor escuro da casa em ruínas da Rua Júlio do Carmo, no Rio:

"Não se preocupem, operárias da construção civil, metrolinas" —, ele proclamou —, "dessa vez a imprensa está do nosso lado!"

Conheci Vera Regina há mais de dez anos, no suadouro de Débora, a bicha que voava, num casarão há muito tempo demolido da Rua Frei Caneca. Ele funcionava como uma espécie de subgerente do local. E sua vocação para esse tipo de trabalho é que o levou a dirigir a casa da Rua Júlio do Carmo, na zona do Mangue, onde o reencontrei num certo mês de junho. Um reencontro em circunstâncias muito especiais: Vera Regina, cercado de mulheres e debruçado numa janela, indiferente à legião de homens que o observava do outro lado da rua, soltava estrelinhas, fogos de artifício que "um freguês de Caxias lhe trouxera de presente".

"Não são lindas?" Ele disse, ao me reconhecer, como se a minha presença no Mangue fosse a coisa mais natural do mundo e como se não houvesse entre aquele e o nosso último encontro um intervalo de dez anos. E estendendo em minha direção uma mão de unhas pontudas e pintadas cheias de estrelinhas ordenou: "Pega uma e acende; é o maior barato." Minutos depois, enquanto agradecia aos céus por não ter sido aquinhoado pela natureza com o que chamam de "senso de ridículo", eu já estava, como ele, pendurado na janela, estrelinha à mão, a ouvir os comentários das mulheres que nos cercavam; para elas, tudo indicava, naquele momento, que uma festa iria começar. Mas Vera Regina logo acabaria com essa expectativa ao guardar num rompante as últimas estrelinhas e ordenar, enquanto batia palmas com as mãos fortes:

"Pro trabalho, metalúrgicas, obreiras, que a greve ainda não chegou ao Mangue; vamos ganhar."

Mais tarde, na tendinha da rua Machado Coelho, depois de observar as lentas evoluções de um rato sobre os copos que o balconista acabara de lavar, eu confessei a Vera Regina minha intenção: queria dar uma olhada no Mangue, "ver como é que era", para depois escrever sobre o assunto. Não fazer uma reportagem, mas escrever, simplesmente.

"Você vai dizer que a gente vive na maior misere, não é?", ela perguntou. E antes que lhe respondesse, me falou de uma repórter que se apresentou como socióloga da PUC e, por isso, teve acesso às várias mulheres:

"Ela escreveu horrores sobre as pobrezinhas, deixou-as traumatizadas."

Seu sorriso irônico, que ainda consegui detectar, deixou bem claro que ela sabia o que estava dizendo. Além disso — eu já percebera muitos anos antes —, era preciso ter cuidado com Vera Regina; ele era capaz de afrontar, com sua fina verve, um batalhão inteiro de pessoas acostumadas aos jogos de salão. Foi pensando nisso — e na porta aberta que ele poderia significar para mim — que bebi, fechando os olhos, um gole de cerveja derramada num dos copos sobre os quais, minutos antes, o rato evoluía.

"Quer dizer que vais escrever sobre as minhas autônomas, minhas costureiras?", ele perguntou, para completar antes que eu respondesse. "Pois então se prepare, porque você vai ter."

Vera Regina diz que não chegam a oitocentas mulheres. Mas as estatísticas afirmam que são mil e quinhentas as que trabalham atualmente no Mangue. Em 1973, quando começaram as ameaças de demolição, elas eram duas mil, espalhadas pelas ruas Benedito Hipólito (que não existe mais) e Júlio do Carmo, camufladas pelo paredão de *outdoors* que o Governo mandara instalar para que os passageiros dos ônibus que circulavam pela área não as vissem. Um território que fazia fronteira, no lado da Rua Machado Coelho, com a zona residencial cujos moradores fingiam ignorá-las. Na década de 60, no entanto, quando o chamado *curral das éguas* funcionava a todo vapor, elas eram até sete mil, trabalhando em três turnos para os quais havia sempre uma extensa clientela; um negócio que se instalara na região nos anos 20, e que deu riqueza a muitos:

"Tem muita gente que hoje é comendador e que fez fortuna às nossas custas", comenta dona Das Dores, gerente de uma casa, como Vera Regina, e às vésperas de uma "aposentadoria" proporcionada pelos filhos – dois - que ela criou e formou.

É verdade que não se sabe de mulheres do Mangue que nesses anos todos tenham ficado ricas. Fala-se de uma delas, que comprou um terreno em Inhoaíba e construiu uma vila; de outra que tem dois apartamentos em Jacarepaguá; de muitas que investiram na família — no marido e nos filhos. Quanto à maioria, simplesmente some de lá — "adoece e morre antes do tempo" —, sem deixar sequer o nome verdadeiro e ficando conhecida apenas pela origem — Mineira, Gaúcha, Baiana e tal.

É uma dessas, Sueli Gaúcha, que Vera Regina me apresenta depois do agito inicial provocado pela minha entrada na casa. Antes tomáramos duas cervejas na tendinha da Machado Coelho, e lá ficáramos a acompanhar o movimento da clientela que, de olhos fixos nas casas em frente, observava as mulheres, todas seminuas apesar do frio. Vera Regina conseguira convencê-la a interromper o expediente "para me dar um plá", o que ela fez de visível má vontade. Sueli Gaúcha tem 25 anos e é uma das 18 mulheres que trabalham na casa. Para funcionar no local ela paga ao gerente vinte Reais por cada uma das vezes que usa o *quarto* — um cubículo de madeira no qual há lugar apenas para a cama e uma cadeira sobre a qual o cliente deixa a roupa.

Quanto ela cobra por cada uma das idas ao cubículo? "Nunca menos de duzentas pratas", diz, enquanto estica uma das pernas e ajeita a meia de malha que lhe vem até o meio das coxas. Lá atrás, Vera Regina dá um muxoxo: é um sinal para que eu saiba que a mulher está mentindo. "Não gosto de esquentar a cabeça", Sueli proclama. E começa a falar do tipo de clientes que a escolhem:

"Geralmente coroas, porque tenho esse tipo de garotinha. Eles vão comigo pensando na filha de catorze anos do vizinho."

Sueli, de fato, tem um vago ar de Lolita; é como se fosse uma menininha de quatorze que, de repente ao acordar, descobriu que já estava com mais de trinta, sem, no entanto, perder os trejeitos típicos da idade anterior.

Sueli nasceu em Santa Maria, no Rio Grande do Sul, e, segundo seu relato, chegou ao Rio de modo mais ou menos nebuloso, possivelmente fugindo de alguma encrenca, há cinco anos. Pensou em ser doméstica no começo, mas não deu, "já estava desencaminhada". Um homem a levou para o Mangue, um cafetão com quem ela rompeu o relacionamento logo depois. Hoje ela tem até direito ao INSS, já que tirou carteira de autônoma como costureira. Trabalha de 18 horas às duas da manhã, com pequenos intervalos para o lanche e café. Não bebe em serviço nem toma tóxicos, e é de pouca conversa com as colegas, pois segundo ela algumas são "falsas e perigosas". Aos clientes não dá maior valor além do que eles podem pagar; tem poucos fixos — dois ou três —, que aparecem regularmente, e nos últimos tempos se dedica principalmente a atender o pessoal do Metrô. Conversar com um deles, só quando é um gaúcho recém-chegado, que lhe dá notícias da terra.

"Mas a gauchada não gosta quando eu digo que sou de lá. Me perguntam: *Não tens vergonha de ser puta, tchê?*"

O cheiro da zona: já no bar da Rua Machado Coelho eu o sentira. Ele está por toda a parte e deve agir de modo positivo sobre a excitação que alguns daqueles homens demonstram quando observam as mulheres. "É o cheiro da decadência", proclama Vera Regina, outra vez com o sorriso irônico. Ele vem das ruínas, sai dos desvãos escuros e incomoda. "E quando as pessoas finalmente se acostumam com ele", dirá mais tarde dona Das Dores "é porque já fazem parte da zona." A conversa com ela será no final de outra noite — uma noite triste, de muito frio e pouca clientela. Mas agora, não, o movimento é grande e a noite promete.

Enquanto vai dando ordens às mulheres que entram e saem por trás de sua mesa improvisada, Vera Regina lamenta não ter tempo de retocar a maquilagem. Chama um homem que passa pelo único nome que, segundo ela, ele merece: "vem cá, ô lixo". E manda que ele lhe compre cigarros no bar da esquina.

Na porta da casa, saltitante, Sueli banca a menina *sexy* ante os olhares extasiados dos homens, todos silenciosos, parados no meio da rua. As outras não fazem por menos: volteiam, empinam os traseiros, abrem displicentemente as pernas, fingem ajeitar as calcinhas, levantam os braços para consertar os cabelos e com isso melhor ressaltam os peitos, fazem, com uma competência espantosa, o jogo da sedução. De uma eletrola que toca numa das casas próximas, um cantor esganiçado anuncia pela enésima vez: "Vou tirar você desse lugar." E Vera Regina repete uma a uma as palavras da canção, mostrando assim que já ouvira aquilo muitas vezes.

Às 22 horas Vera Regina entrega a gerência da casa a Vanusa e nós dois vamos novamente à tendinha tomar outra cerveja. Lá, procuro inutilmente o rato no balcão dos copos. Mas ele não está lá e eu começo a pensar que estou imaginando coisas. Vera Regina me conta, entre uma frase e outra dita também para as pessoas que a essa altura lotam o bar — a maioria o conhece —, que o Mangue já não é um bom negócio, por causa das ameaças de despejo, de demolição.

Apesar da precariedade das instalações e da ameaça constante de expulsão, ele ainda paga dois mil e quinhentos Reais pelo aluguel da casa que atualmente explora: "Já viu: a vinte Reais a entrada, tenho que fazer as mulheres faturarem muito para pagar o aluguel e ainda ter lucro." Mas a quem é feito o pagamento do aluguel? Isso Vera Regina diz que não pode contar. Seu cargo é apenas de gerente, há outras pessoas por trás, a quem ele provavelmente nem conhece.

"E nem quero conhecer. Sei lá onde vai parar esse dinheiro? Já tive muita surpresa na vida", sentencia. De repente eu cismo de seguir o rastro da grana e vou chegar em algum bacana por aí".

São cerca de cinquenta casas, como a sua, a funcionar dia e noite, em regime de três turnos, cada uma delas com uma média de trinta mulheres. "Como é que o dinheiro sai daqui?" Vera Regina hesita; seu olhar deixa bem claro que há coisas que não serão ditas jamais: "Sei lá. Vem um homem buscar todo dia. A gente entrega e não faz perguntas." E as mulheres não ficam curiosas? "Você acha que elas têm tempo para isso?"

Vera Regina, pela primeira vez, parece incomodado pelo rumo que tomou nossa conversa. Esta é interrompida, no entanto, pela súbita entrada de alguns soldados da Polícia Militar usando a temível boina preta na cabeça. "É a Suate", diz ele em tom baixo. Um dos soldados começa a olhar para nós, e Vera Regina sustenta o seu olhar. O bar aos poucos silencia, a tensão cresce. Sinto que alguma coisa vai acontecer, vejo de repente o quanto sou estranho ao ambiente — há um código, uma mensagem trocada entre o meu acompanhante e o policial, mas não sou capaz de decifrá-la. Finalmente a tensão explode em palavras e o soldado pergunta a ele:

"Que é que está me olhando?"

Vejo o nariz de Vera Regina engrossar e ele sorve vigorosamente o ar antes de responder: "está nervoso, meu bem? O que é seu está guardado lá em casa: o leite das crianças, sabe o eu é? seu colega vem buscar toda semana." O soldado, surpreendido pela firmeza de Vera Regina, parece indeciso, e ele aproveita para passar à ofensiva. Sem mais olhar para o militar, dirigindo-se agora apenas a mim, comenta:

"Vivem me arrochando; toda semana arrancam uma nota do meu bolso; e depois querem bancar os gostosões pra cima de mim?"

Sem maior entusiasmo, o soldado ainda faz um comentário sobre o que se deve fazer com pessoas como Vera Regina — abandonar seu corpo, numa estrada deserta qualquer, "com a boca cheia de formiga" —. Mas este nem responde — sabe que tudo não passou de uma escaramuça e que levou a melhor. O soldado sai, chamado pelos companheiros que já se retiraram da tendinha, e desaparece em meio à multidão de clientes. Vitorioso, Vera Regina ainda rosna: "São uns bunda-mole." E toma de uma só vez o copo de cerveja quente que esquecera diante de si no balcão.

Nessa noite ainda voltaremos duas vezes à tendinha, para mais cervejas. Numa delas descubro que minha *via crucis* mal começou, pois ao passar diante de uma das barraquinhas que vendem churrasquinho, Vera Regina apanha um deles, me entrega com a maior delicadeza e diz:

"Coma, meu bem, que está delicioso; é carne de cachorro."

E sorri, extasiado, ao ver a falsa delicadeza com que mordisco a carne. Os vendedores de comida ocupam todos os desvãos do Mangue e, segundo um deles, para ver o negócio prosperar é preciso apenas duas coisas: pagar a taxa cobrada pela polícia, para que funcionem sem problemas e driblar os assaltantes que os esperam por trás dos *outdoors*, à saída, no caminho que leva à Central do Brasil ou aos pontos de ônibus mais próximos.

"As mulheres enfrentam a mesma barra", me diz dona Das Dores. "As que não têm cafetão para protegê-las saem daqui em bandos, findo o expediente, as mais prevenidas com pedra ou pedaços de pau na mão. Mesmo assim, de vez em quando uma delas é assaltada, perde a féria do dia." Mas o pior, segundo Sueli Gaúcha, é quando uma delas é assaltada não à saída do Mangue, mas perto de casa. Isso aconteceu com ela uma vez lá em Morro Agudo, subúrbio onde mora. Agora é mais difícil disso acontecer, porque conheceu um motorista de ônibus que quer se juntar com ela e a espera toda a noite, à porta do Hospital Sousa Aguiar:

"Ele não sabe de minha vida, eu lhe digo que sou servente no hospital. Chego lá meia hora antes e fico esperando por ele, como se tivesse acabado de largar o serviço."

À meia-noite o movimento continua intenso no Mangue. Num beco em frente à casa de Vera Regina transformado em banheiro público, o entra-e-sai é constante. Há uma fileira de homens de frente para a parede, outros esperam a vez, e é lá que o cheiro terrível se faz sentir ainda mais intenso.

À meia-noite e meia o grupo de soldados passa diante da janela em que nos debruçamos e reconheço entre eles o que começou a discussão com Vera Regina. Este, após uma rápida troca de olhares com o militar, sai e caminha firme em sua direção. Espero que aconteça o pior, mas os dois, agora conversam em voz baixa no meio da rua, parece que finalmente se entendem; o soldado chega a passar uma mão delicada na bunda de Vera Regina que, logo depois, volta ao seu posto. Ao passar por mim, comenta vitorioso: "A mamãe aqui sabe muito bem o que ele quer."

A uma hora Sueli Gaúcha, desfigurada, os olhos vermelhos, tem um ataque e anuncia que vai deixar a zona, que aquilo não é vida. As outras mulheres improvisam um coro de vaias e ela silencia. Vera Regina, aproveitando que o movimento começa a diminuir, resolve atender aos apelos de uma das mulheres e dançar um mambo, exatamente como fazia no tempo em que trabalhou como travesti na boate Casanova, ali na Lapa. Suas evoluções são acompanhadas com a mais extrema unção — os clientes ousam se aproximar da janela o bastante para apreciá-las.

Quando o mambo termina sob aplausos gerais, volto à janela e percebo que, a essa altura, há muitos carros parados na rua, a maioria táxis. Sueli me explica que muitos pertencem aos cafifas, os cafetões que vêm buscar suas protegidas: "as infelizes dão o dinheiro todo para eles." Ela acrescenta, com visível ar de satisfação que, no entanto o número de mulheres que ainda necessitam desse tipo de proteção é cada vez menor: "A gente está se tornando mais independente." De volta a sua *escrivaninha*, atenta à conversa, Vera Regina instaura outra vez a anarquia — é sua especialidade — ao comentar, após ouvir Sueli Gaúcha:

"É, mais um homem bem que é bom, não é minha filha? Ainda mais se de vez em quando a gente dá umas porradas nele"

Na noite do dia seguinte, quando eu me despedi prometendo ir visitá-la de vez em quando, Vera Regina, completamente bêbeda, vai se declarar "profundamente *enchanté*" com a minha presença. Agora, no entanto, enquanto conta com mãos hábeis o dinheiro faturado nesse turno que vai terminando, me diz, com um cigarro no canto dos lábios: "Me desculpe, meu bem, mas eu vou ser sincera. A gente não gosta muito de visita. Atrapalha o andamento dos negócios. Sim, porque isso aqui é um negócio, está vendo?" E faz, com um maço de notas de cinquenta Reais, um movimento ao pé do ouvido, como se as ouvisse tilintar:

"A gente fatura em cima da necessidade alheia. Esses homens todos que vêm aqui, coitados, o que seria deles se não fossem essas meninas tão esforçadas? Será que eles iam aguentar, vendo essas madames que andam em Ipanema com a bunda e os peitos praticamente de fora? Ia ser um tal de *pega, derruba, rasga e come*, que vou te contar. Nosso serviço é de utilidade pública, sabia? Por isso não podem acabar conosco."

Sim, mas vivem dizendo que a zona vai acabar. que no máximo em sei lá quantos dias as casas que restam no Mangue serão derrubadas. Para onde irá Vera Regina, em que bairro serão alojadas Das Dores e suas mulheres?

"A gente já está pensando em dois ou três lugares", diz a gerente em vias de se aposentar, "mas por enquanto é melhor esperar, para ver o que os homens resolvem." Que homens? Não apenas "os que mandam", como diz dona Das Dores, mas também os que, de uma maneira por demais tortuosa, acabam sendo os últimos depositários do dinheiro arrecadado no Mangue. E estes, quem são? – pergunto mais uma vez

"Tudo o que sei", proclama Vera Regina, inteiramente bêbada, na noite do dia seguinte, "é que o dinheiro vai parar no banco. De quem é o dinheiro? De quem é o banco? De quem é a cidade? De quem é o país? De quem é o mundo?

De quem é a zona – eu me pergunto? A gente sabe que as mulheres e seus clientes estão lá apenas de passagem. Mas ela permanece. Dona Das Dores disse que vai se aposentar, Sueli Gaúcha promete "deixar essa vida"; Vera Regina anuncia sua *rentrée* artística num *show* da boate Casanova. É assim que a gente chega ao final da primeira dessas duas noites que passei na zona. A outra, com Vera Regina bêbeda e a clientela sumida, foi menos produtiva. Tudo o que consegui foi conversar com um cliente igualmente bêbedo que, encostado a um poste, me perguntou, de repente: "A que horas sai o ônibus para Foz do Iguaçu? E, ante o meu espanto, explicou: "é isso mesmo, eu trabalho em Itaipu." E antes que, atônito, lhe respondesse qualquer coisa, saiu cambaleando rumo ao seu destino que ficava a pelo menos mil e quinhentos quilômetros dali).

Outra turma de mulheres se prepara para assumir seus postos no corredor da casa em ruínas; Vera Regina, improvisada em juiz supremo, condena ao mesmo destino irreversível todas aquelas que, num acesso de ousadia, tentam ali na sala imitar suas evoluções de *mambista*: “Vocês têm mais é que se foder”.

Atrás dela, Vanusa, um rapaz que o imita em todos os gestos, mas que é muitos anos mais moço, acompanha tudo em silêncio; sabe que o tempo conta a seu favor e que algum dia estará ali, sentado naquela *escrivaninha* - na verdade uma mesa improvisada com caixotes - a dar ordens, como faz agora o amigo mais velho de quem é “secretário” por enquanto.

Às duas horas eu saio de lá, junto com um bando de mulheres e clientes, para apanhar o meu carro que ficou em segurança, três ou quatro quarteirões adiante, perto do Juizado de Menores. Faço isso bem tranquilo; afinal, ao contrário dos que me cercam neste instante, nem preciso voltar lá, no dia seguinte, se não quiser.

(1979)

FIM

O AMOR É UM PAÍS ESTRANHO

"A cabeça do pau do divino Montezuma, o último imperador asteca, tinha duas asas poderosas que se inflavam vigorosamente sempre que ele ficava excitado. Isso lhe causava um sério problema. Pois suas mulheres, ao serem penetradas por ele e após sentir aquelas poderosas asas a ruflar em suas entranhas, padeciam de múltiplos orgasmos que as levavam à morte antes que ele atingisse o auge. Isso tornava impossível àquele que seria o último deus de uma civilização supostamente eleita gerar herdeiros. E esta sim, teria sido a verdadeira maldição de Montezuma, e não a terrível diarréia que hoje em dia acomete os visitantes que se atrevem a beber a água que sai das torneiras na cidade do México.

"O problema de Montezuma, Senhor e Deus do Universo – ou pelo menos do universo conhecido pelo seu povo que, infelizmente para ele, não era o único – parecia insolúvel. Até que Xtloc Papu, um feiticeiro meio maroto e sem muita relevância entre os nobres astecas, depois de tomar durante três semanas e meia o chá de uma poderosa raiz cujos efeitos o faziam falar com certos deuses dos povos vizinhos – mas ainda nem tão próximos – da Floresta Infindável (hoje a Amazônia) descobriu uma posssível solução:

"Por que não colhermos a sagrada semente de Montezuma e depois derramá-la dentro de suas mulheres? – perguntou Xtloc Papu aos incrédulos médicos encarregados de cuidar da saúde do último deus asteca. E estes, que eram considerados sábios mesmo sem ter inventado uma coisa tão simples como a roda, com os devidos cuidados para não ser atirados vivos do alto da pirâmide de Tenochtitlán, repetiram diante do seu Imperador Absoluto a mesma pergunta: *por que não, deus de todos os maiores deuses?*

"Diz a lenda que Montezuma meditou durante sete dias e sete noites sobre a idéia antes de consultar o espírito do seu avô e ex-imperador Moctezuma, que lhe apareceu na oitava noite num sonho e lhe disse que sim: aquela experiência com sua semente sagrada era viável. E assim, jovens efebos de inefável beleza e comprovada virgindade foram convocados para sugar com seus doces lábios a divina semente do Imperador, que depois injetavam nas esposas reais com frementes cusparadas saídas de suas bocas inchadas e feridas por conta do efeito das asas daquele pirocão sobrehumano.

"Isso significa que, entre outras coisas prodigiosas – mas não a roda elementar – a invenção que hoje chamamos de *inseminação artificial* também foi obra da inteligência asteca, povo que alguns radicais dizem ter sido descendentes de seres aqui chegados de outras galáxias após uma longa e exaustiva viagem. Foi ela, a inseminação, digamos assim, por cusparadas, que permitiu às mulheres de Montezuma engravidar sem ter que se submeter ao contato fatal com seu caralho de asas. E afinal elas puderam dar ao seu adorado Imperador vários herdeiros, todos eles igualmente sagrados.

"Mas infelizmente nenhum deles sobreviveu para assumir o trono. Pois foi justo neste momento dessa tão trágica história que apareceu nas terras astecas um outro Deus mais poderoso – o dos espanhóis. E este, com seu anjo guerreiro Hernán Cortés à frente e mais um cortejo de seguidores sanguinários, matou Montezuma, seus herdeiros e quase todo o povo do Império Asteca, deixando apenas alguns deles para que exemplarmente se tornassem o que é o sofrido povo mexicano de agora".

Essa história, tal como na medida do possível a reproduzi aqui tantos anos depois, me foi contada por Paquito Suarez Cortés, um espanhol que se dizia descendente de Hernán, numa tarde em que trocamos líquidos intimos num quarto da Hospedaria Hostal, na rua Gomes Freire, ali na Lapa, enquanto lá fora outro daqueles temporais de verão causava danos irreversíveis à sempre tão sofrida cidade de São Sebastião do Rio de Janeiro.

Não me lembro bem como chegamos a este assunto. Mas o fato é que, por algum motivo, fiz uma alusão à pomposa estátua de Montezuma existente na Praia do Flamengo e Paquito me corrigiu: na verdade aquele do monumento não era o Imperador Montezuma, mas um parente seu, Cuauthémoc. Foi ele que assumiu o governo do império asteca um ano antes dos espanhóis tomarem de vez sua capital, chamada Tenochtitlan e com Montezuma já morto.

"Feito prisioneiro, o Imperador Montezuma foi torturado por Cortés. Porém, mesmo tendo os pés queimados por brasas, não revelou o que o inimigo queria saber ou seja: onde fora parar seu monumental tesouro, do qual Cortés tivera apenas notícias e cujo esconderijo até sua morte nunca chegou a descobrir, assim como ninguém o descobriu até hoje. E agora essa tarefa, quando estes dominarem o mundo, talvez caiba aos chineses".

Assim como os que ainda caçam o tesouro de Montezuma, eu também tinha alguma coisa a descobrir. Por isso não só transara com Paquito Cortés naquela tarde, mas ficara ali, como se não quisesse mais nada, enquanto a tempestade soprava e rugia lá fora, a ouvir suas divagações sobre as atrocidades que seu suposto antepassado cometera durante a destruição do Império Asteca. Eu queria era saber de Paquito onde fora parar seu amigo Adolfo, meu amante naquela época, que sumira há vários dias sem se despedir de mim e sem deixar nenhum rastro ou pista do raio de lugar para onde fora.

Nascido em Santa Catarina, Adolfo era filho de um casal de imigrantes alemães que lhe deu esse nome em homenagem vocês sabem a quem: isso mesmo, o imparável Herr Hitler – imparável até bater de frente com a teimosia e o alcoolismo do britânico Winston Churchill. A intenção dos pais era batizar o rebento com o nome original do homenageado – Adolph. Mas isso não foi possível, pois naquela época os cartórios não permitiam que crianças brasileiras fossem batizadas com nomes estrangeiros.

Essa proibição salvou os pais de Adolfo de serem caçados a pau, como aconteceu com tantos outros imigrantes alemães quando Getúlio Vargas finalmente decidiu que nosso país entraria na Segunda Guerra Mundial do lado certo. Pois, procurados pelas autoridades da imigração para explicar a escolha do nome, eles disseram que o "A-dolfo" era na verdade uma homenagem a um bondoso médico nacional que tinham conhecido após a chegada ao Brasil, durante o tempo em que, como todos os imigrantes, ficaram de quarentena lá na Ilha das Flores, no Rio de Janeiro.

Adolfo, ao contrário do Hitler de quem herdara o primeiro nome, era um homem belíssimo. Não era um gnomo metido a besta feito o seu xará, mas um ariano verdadeiro de um metro e oitenta e sete, louro e de olhos azuis. Essas qualidades é que o fizeram ser escolhido para se tornar um dos puríssimos exemplares raciais da então famosa Guarda Presidencial. Criado para se exibir nas solenidades das quais participava o Presidente, o Batalhão de Guardas, ou BG como era conhecido, tinha como objetivo deixar bem claro, para os que ainda tinham alguma dúvida sobre isso, que o Brasil era um país de supremacia branca, embora suas ruas fossem basicamente povoadas por negros e mestiços.

O problema é que a tal supremacia acabava se tornando relativa depois que "os Catarinas", apelido pelo qual aqueles semideuses eram chamados, chegavam ao Rio de Janeiro. Pois, nos intervalos entre uma exibição e outra nas quais surgiam metidos nas suas prodigiosas fardas, que incluíam até um capacete dourado com um enorme rabo de crina de cavalo, eles acabavam por descobrir que, naquela cidade, ex-capital de um país na verdade miscigenado, o assim chamado buraco era sempre mais embaixo.

Em geral filhos de camponeses rústicos, falando português com sotaque, pois até ali o alemão fora sua primeira língua, esses rapazes lindíssimos, a maioria virgem de qualquer sexo além do chamado solitário ou aquele condenável com éguas e cabras, mal chegavam no Rio de Janeiro, sem ter o que fazer nas suas noites de folga, acabavam indo parar nos dois locais de mais radiosa boemia da cidade – a Cinelândia e a Lapa. E era na primeira que acabavam por conhecer o pecado, na época melhor representado pelo amor que *ainda* não ousava dizer o seu nome, mas que, à maneira das sereias de Ulisses o louvava em tempo integral tocado cornetas em todos os becos escuros: o dos veados.

E é a partir daqui, nesse trecho que diz respeito aos veados, que o autor dessas mal traçadas linhas assume a narrativa. Mas não sem dar a Paquito Cortés, o narrador inicial, uma saída honrosa dessa que seria uma, sei lá, uma história de ficção, uma novela, um conto... Não fosse o fato de que, depois daquela divagação um tanto literária sobre o pau voador do Imperador Montezuma, a partir daqui ela será narrada de modo completamente verdadeiro. E, portanto, conterá uma rigorosa apuração dos fatos acrescida de um certo brilho para prender a atenção dos seus leitores.

Como já disse, minha aventura sexual com Paquito Cortés naquela tarde tempestuosa tinha um objetivo explícito: eu andava à procura de Adolfo, que tinha sumido do mapa há vários dias... E que, segundo a Observadora, fora visto pela última vez dividindo um cigarro de maconha com aquele que ela chamava de "espanhol fimosento", ou seja: Paquito em pessoa.

Quem era a Observadora? Uma bicha esquelética, com uma cabeleira formada por cobras vivas feita a de Medusa, que tinha esse codinome porque sua unica obsessão na vida era saber tudo sobre a vida dos outros. Para isso ela se postava nos locais mais improváveis, de tal jeito imóvel e fazendo tamanha cara de paisagem que acabava por não ser notada. Fora desse modo que vira Adolfo a dividir com Paquito o tal baseado até que este acabou e o primeiro foi-se embora. A Observadora me contou isso depois que, a conselho da divina Débora, a bicha que voava, eu a procurei para falar do sumiço de Adolfo e perguntar se ela, já que sabia de tudo, também sabia de alguma coisa sobre isso.

Débora também será personagem dessa história absurda. Mas deixemos para apresentá-la depois e fiquemos com a observativa Observadora que, procurada por mim, pareceu muito satisfeita por poder abrir o jogo e demonstrar, mais uma vez, a eficácia de suas observações constantes:

"Enquanto fumavam o baseado Paquito e Adolfo ficaram lá cochichando o tempo todo como se estivessem planejando alguma jogada suja".

Era sabido que, naquele ambiente pelo qual eu transitava, todo mundo exercia de um modo ou de outro a difícil e nem sempre recompensada Arte da Jogada Suja. E Adolfo, depois de sair da Guarda Presidencial e decidir ficar no Rio de Janeiro – quer dizer, na Lapa e na Cinelândia, mesmo sem nenhuma experiência no assunto também passara a exercê-la. Ainda não era um mestre – como era o caso de Paquito Cortés – mas já fazia das suas. E, meio que adotado pelo "espanhol fimosento" o qual, cheio de paciência e quase amor, lhe ensinava todos os truques, na maioria dos casos tinha êxito.

Várias más línguas – as mesmas que acusavam Paquito de ser *gilete*, ou seja, cortar dos dois lados – me disseram que ele e Adolfo eventualmente transavam enquanto cuidavam da higiene pessoal no banheiro de alguma hospedaria sórdida. "Vi os dois safadinhos se ensaboando mutuamente!" - anunciou orgulhosa a bicha Observadora após suas observações de um certo dia. Se isso fosse verdade eu não me surpreenderia. Naquele ambiente da Lapa e da Cinelândia, no qual as regras de boa convivência eram atualizadas e reescritas a cada dia, era comum os michês se entregaram a esse tipo de folguedos: transavam entre si. Porém não pelo prazer puro e simples, mas também pela necessidade de saber quais eram as armas do inimigo. Afinal, rivais no mesmo negócio, precisavam saber que vantagens podiam oferecer na hora da negociação para atrair com alguma oferta especial o cliente do outro.

De qualquer modo Paquito e Adolfo podiam até brincar entre si. Mas eu não tinha dúvidas de que este último queria mesmo era ficar comigo. Assim, quando ele não tocou a campainha do meu sobrado *art-nouveau* no fim da primeira noite, nem da segunda, nem da terceira, não saí pelas ruas a rasgar as vestes e arrancar os cabelos, nem a clamar pelo *meu marido*. Apenas, como boa e já experiente mulher de malandro, tratei de tentar descobrir o que acontecera com ele e assim, depois de passar pela sessão de sábios conselhos de Débora e pelas espertas observações da Observadora, cheguei até Paquito.

Paquito aparecera na nossa área do nada, aliás, como quase todo mundo. E antes que algum dos muitos boatos sobre sua real procedência ganhasse foro de verdade, se tornara responsável por uma verdadeira praga que se abateu sobre quase todos os que frequentavam o pedaço: a pandemia dos chatos. Em questão de apenas alguns dias o nosso universo conhecido viu-se infestado por eles: aqueles piolhos mínimos que têm preferência por se alojar na região dos assim chamados pelos púbicos e que, segundo o que *não* está escrito nos livros de História, foram os verdadeiros responsáveis pela queda do Império Romano. De tal forma a praga se alastrou tanto que, em questão de algumas horas, esgotou-se nas farmácias da área todo o estoque de latas de Neocid, o inseticida em pó que melhor os combatia, mas os os vencia depois de muita persistência e alguns registros, nos hospitais, de sérios casos de ingestão de veneno.

Débora foi a única não contaminada. A explicação que deu para isso foi que "nem os piolhos me aguentam". Mas a verdade é que, mal tomou conhecimento dos primeiros sinais da pandemia, tratou de depilar os pelos do corpo sem esquecer as sobrancelhas ou aqueles que, por um supremo mau gosto, nascem à entrada do ânus. Assim, considerada auto-imune, foi convidada a assumir o combate à praga. E, na condição de epidemiologista improvisada, recrutou fiéis seguidores - que se organizaram numa espécie de guarda sanitária - e ordenou que descobrissem o Paciente Zero, ou seja: a criatura da qual saira o piolho original que tinha acabado por infestar toda a turma. E não foi difícil identificá-lo já que a maioria dos contaminados tinha dividido com ele uma cama: fora Paquito Cortés o responsável pela praga.

Tão vingativa quanto seria Montezuma – antes de descobrir, com a devida perplexidade, que Hernan Cortés era ainda pior que ele – Débora ordenou que os seus asseclas lhe trouxessem o responsável pela maldição dos chatos. E, juiza suprema que era, antes de decidir qual sentença o espanhol cumpriria, deu-lhe pelo menos o direito de defesa e lhe perguntou: "por que você passou chato pra todo mundo da minha jurisdição, me diga?" E Paquito respondeu com a cara mais deslavada: "porque eu não sabia que meus pentelhos estavam infestados!"

A resposta não podia ser mais cínica. Todos que já passaram por esta situação vexaminosa sabem que é impossível ter chatos e ignorar o fato por causa da comichão insuportável que provocam *nas suas partes íntimas* e, graças a Deus, até hoje não nas minhas, que continuo virgem quanto a isso. Todo mundo reunido no quarto de Débora para acompanhar o julgamento de Paquito da mesma forma sabia: se tinha uma coisa que a nossa rainha de todos os esfarrapados – e agora também juíza das causas justas - não admitia era cinismo. Por isso ficamos a esperar que ela pegasse a navalha que repousava sobre sua mesa de cabeceira e, com suas mãos de unhas enormes e manicuradas, praticasse seu rigoroso senso de justiça cortando a cabeça do réu na frente de todos..

Mas ela não o fez. Em vez disso - para perplexidade geral - caiu na maior gargalhada. Disse que jamais na porra de sua vida vira alguém se comportar de modo tão cínico, tão safado e ainda por cima vomitar uma tamanha desculpa esfarrapada. E decretou a sentença para os senhores membros do júri, ou seja, aqueles que a serviam e obedeciam com absoluta cegueira:

" Dá três banhos de Neocid na carcaça desse sujeito por dia. E até que não sobre nenhum chato vivo pra contar a história deixa ele a pão e água... e sem sexo!".

Após ouvir a sentença, Paquito ajoelhou-se aos pés de Débora – de quem também seria um súdito fiel a partir dali – e repetiu várias vezes em espanhol as mesmas palavras: *"gracias, mi señora, muchas, muchíssimas gracias, reina mia!"* Dias depois, quando se viu curado da praga de chatos e após solicitar uma audiência particular com a "reina", ele tornou essas "gracias" mais explícitas dando nela a mais longa de todas as chupadas – ato que depois a Observadora jurou ter observado de dentro de um armário no qual se escondera quando Débora dormia.

Mas, embora essa chupada tenha criado logo de saída uma grande intimidade entre os dois, não posso dizer que aquele foi o começo de uma longa amizade entre Paquito e nossa rainha. Pois a maturação desse tipo de sentimento exige um largo período de tempo e convivência. E o primeiro era uma coisa que a maioria dos frequentadores da Lapa e adjacências não tinham. Ali, mais do que na vida simples que as pessoas ditas "normais" viviam, todos nós estávamos apenas de passagem. Porém enquanto esse tempo durou - até que Débora partisse para seu último voo e Paquito tivesse o seu corpo crivado de balas (fatos sobre os quais eu me deterei mais tarde) - o que existiu entre aqueles dois foi isso: uma fiel e desinteressada amizade.

Paquito Suarez Cortés, como Débora disse certa vez com muita propriedade, "era feio que nem uma piroca com gonorréia". Mas tinha uma capacidade de convencimento, uma lábia da qual ninguém escapava. Era um conversador nato que a todos encantava com aquele sotaque típico dos espanhóis, que não pronunciam as palavras, mas, como se fossem cães, as rosnam e as ladram. Foi isso que fez comigo naquela tarde-noite na Hospedaria Hostal: falou sem parar e me encantou com sua conversa, enquanto os trovões e os relâmpagos ecoavam e estralejavam lá fora e as ruas do Rio de Janeiro mais uma vez submergiam sob a enxurrada.

Quando nos encontramos nos jardins do Passeio Público as primeiras nuvens escuras no céu indicavam que a tempestade já se formava. E eu, preocupado com Adolfo e querendo descobrir logo o paradeiro dele, fui direto ao assunto: perguntei se por acaso ele sabia onde meu amante se encontrava. Paquito respondeu que não. Mas, bem, talvez viesse a lembrar de alguma pista que me levasse a ele, caso pudéssemos ficar por algumas horas a conversar num lugar "assim, mais reservado".

Não vou mentir pra vocês – já tinha percebido que Paquito de vez em quando me olhava com um olho atravessado sobre o qual não restava a menor dúvida. Uma vez me encontrou na porta do sobrado onde eu morava e chegou a perguntar suspeitosamente se não podia subir para usar o meu banheiro. E outra vez, enquanto esperava Adolfo na mesma porta, quando este desceu perguntou: "tua senhora, está em casa?" Sendo que *senhora* era a maneira respeitosa como ele e os outros bofes tratavam as bichas casadas com aqueles que eram seus colegas e chapas.

Mas seria examente esse respeito o que o impediria de me cantar se seu amigo Adolfo, então meu parceiro oficial, estivesse disponível. Pois entre os malandros e fins de carreira da Lapa e Cinelândia havia um código segundo o qual "mulher do meu amigo é homem". E geralmente elas eram homens sim, que podiam até ter peitos, mas que também tinham pinto. Por isso, quando Paquito Cortés me convidou para conversarmos num lugar mais reservado vi que alguma coisa tinha acontecido com meu, digamos assim, marido, ou ele não se sentiria livre pra me propor isso. Portanto aceitei o convite e, sem mais palavras, fui conduzido por ele diretamente para a rua Gomes Freire.

O Hotel Hostal já deveria ter sido tombado pelo Patrimônio Histórico por conta dos serviços prestados aos amantes sem pouso ao longo desses muitos anos. Está no mesmo lugar até hoje, sempre a ostentar aquela velha placa luminosa, com o H maiúsculo seguido das letras que completam a palavra *hospedaria* e embaixo dela a explicação que é essencial para que não haja dúvidas quanto à sua finalidade: só *para solteiros*. A palavra *homens* entre o *para* e o *solteiros* é dispensável, pois todo mundo sabe que o Hostal serve apenas a eles. Não que mulheres não sejam bem vindas. Até são, desde que entrem lá a convite para fazer unhas e sobrancelhas daqueles que, em noites mais movimentadas, transformam em uma espécie de Via Ápia seus corredores nos quais o chão de madeira rangente é camuflado por uma passadeira que há alguns séculos atrás talvez tenha sido vermelha... Ou marrom ou branca feito o leite, nunca se sabe.

Muitas vezes, nessas noites mais desesperadas de sexta-feira ou sábado, quando o porteiro, um português peludo e enorme do Alentejo, botava no seu balcão a taboleta de "lotação esgotada", era possível detectar na fila de espera algumas figuras notórias que ali se postavam sem nenhum pejo. Em geral da classe artística, mas de vez em quando um médico, advogado ou até mesmo um deputado com alguma companhia de ocasião: um profissional do sexo que lhe garantira a discrição absoluta da hospedaria onde, segundo a Observadora, "ninguém era de ninguém, nem precisava saber da vida de todo mundo" – exceto ela.

Naquela tarde em que fui lá com Paquito chegamos muito cedo, quando as senhoras arrumadeiras ainda varriam, espanavam, trocavam lençóis e tentavam camuflar com o odor de um spray barato o cheiro das muitas fodas que tinham sido cometidas no decorrer da madrugada. Fomos levados ao quarto pelo porteiro alentejano. Ele depositou sobre a cama as toalhas e o sabonete de praxe e foi embora sem olhar para nós, tal como lhe exigia o protocolo: para ele todos os frequentadores da Hostal não passavam de criaturas invisíveis, quem sabe recém-chegadas do planeta Urano. Paquito tratou de fechar a porta. E eu me preparei para bancar a Penélope e tecer a fina teia que o levaria a me dar alguma informação sobre Adolfo sem que precisássemos chegar às vias de fato...

Mas o espanhol não me deu tempo para isso, pois tratou de me abraçar com seus braços magros e mal tatuados. E antes mesmo que eu pudesse dizer "deixa eu tirar a calcinha", partiu para os finalmente de modo quase brutal.

E então, como se estivéssemos viajando num trem de alta velocidade desgovernado, rapidamente chegamos e desembarcamos naquela que poderíamos chamar de estação Terminus.

Como pude concluir enquanto ainda estava nu, amassado e de bunda pra cima, Paquito podia até não parecer, mas era um grande amante. Com uma perna de proprietário sobre as minhas, a mão a acariciar de leve o meu rosto, ele me disse o quanto tinha certeza que num dia qualquer chegaríamos àquele clímax ao qual, na verdade, só ele chegara. E essa foi a deixa que me permitiu entrar direto no assunto: "o Adolfo é que não vai gostar quando souber disso". Ao que o sotaque espanhol dele ladrou e rosnou: "quando souber teu marido não vai poder fazer nada". Enveredei por ai: "e por que não, me diz?" Paquito recolheu a perna que ainda reinava soberana sobre as minhas, sentou na cama, procurou o maço de cigarros sobre a mesa de cabeceira e acendeu um deles enquanto eu, imóvel e cada vez mais apreensivo, esperava. Até que ele soltou uma baforada e só então ditou sua sentença:

"Porque ele foi preso e está *mucho* do encrencado".

Confesso que, mesmo após alguns anos na Cinelândia e na Lapa, ainda não sabia direito o que esse *estar muito do encrencado* significava. Só descobriria seu real sentido anos depois, quando Adolfo fosse apenas uma lembraça na minha vida pregressa e eu convivesse com outro Catarina – na verdade paranaense e não do Batalhão de Guardas, mas paraquedista -, o famoso Alemão da Lapa. Pois este sim, é que se meteu nas maiores encrencas, foi preso, baleado, condenado e o diabo a quatro e dessa vez eu me vi envolvido até o pescoço em suas histórias tenebrosas.

"Você não dá sorte com bofes louros" – disse a Observadora, depois de observar de longe meu último encontro com o Alemão na porta do Foro onde meu testemunho de defesa, mesmo sincero, não lhe servira de nada, pois ele acabou condenado e cumpriu pena. Mas essa é outra história e não a que pretendo contar a vocês agora, portanto...

Voltemos ao quarto da Hospedaria Hostal onde, pelado e com a bunda pra cima, estou deitado com Paquito Cortés também nu ao meu lado enquanto chove pra caralho e a cidade, feito uma velha senhora que abre as pernas para mais um cavalheiro solitáro, se deixa inundar todinha lá fora.

"Ele foi preso por quê?" – perguntei, tentando não perder a calma nem chegar ao ponto de começar a arrancar tufos da minha vasta cabeleira. E Paquito respondeu depois de soltar mais uma baforada: "porque se meteu aí numas paradas".

"Meu Deus, Paquito" – eu murmurei. - Abre logo o jogo, que paradas?"

Nos minutos seguintes, com certa má vontade e algum tédio, ele me contou em poucas palavras o que tinha acontecido: o *meu* Adolfo conhecera uma buceta, uma mina, uma mulher que o apresentara a um policial cujo negócio era usar fins de carreira como ele para transportar carros roubados até a fronteira com o Paraguai.

E quem esse policial? Paquito hesitou antes de responder a essa minha pergunta. Mas como insisti muito acabou pronunciando o nome num tom baixo e respeitoso: o *doutor* Mateus Romeiro. E, claro, eu estremeci, pois já conhecia a figura: era um homem lindo por fora, um verdadeiro galã dos musicais de Hollywood, mas feio, horroroso mesmo por dentro. Um psicopata corrupto para o qual, em matéria de crimes, nem mesmo o céu era o limite. E que, sempre pairando acima de qualquer tentativa da Justiça de julgá-lo, nos últimos dez anos dedicara com afinco a sua vida ao exercício de vários tipos de crimes, inclusive alguns cruéis homicídios.

O meu amante associado a Mateus Romeiro? Perguntei como ele chegara a esse ponto sem volta de sua vida e Paquito explicou: ele aceitara fazer um único transporte, mas só porque, segundo lhe dissera, com o dinheiro que ia ganhar compraria de presente pra mim um anel de esmeralda que, enquanto passeávamos de mãos dadas pela rua do Ouvidor eu vira numa vitrine e por ele me apaixonara.

"Eu falei que podia roubar o anel se ele quisesse. Mas o *teu* Adolfo respondeu que assim o presente perderia o valor, pois seria dado por mim e não por ele, que, portanto, precisava comprá-lo, sim - com seu próprio dinheiro... E desde que este fosse o fruto do seu trabalho".

Até esse ponto a história para mim pareceu romântica e linda - um verdadeiro conto de amor no qual eu era uma juvenil Julieta, menos no trecho que dizia respeito a

Mateus Romeiro, é claro. Mas Paquito continuou sua narrativa e o meu conto romântico depressa enveredou pelo caminho que levava, através da escuridão da noite, à charneca sinistra na qual está a sepultura de Edgar Alan Poe, o pai de todas as histórias de verdadeiro horror, sobre a qual de vez em quando um corvo pousa e fica repetindo feito um disco rachado: *"never more!"*

"Pra que você não ficasse preocupado ele não te contou nada. Além disso o cana dura disse que era moleza, prometeu que tudo ia dar certo... Mas alguma coisa deu errada. Pois o fato é que o *teu marido* acabou sendo preso quando tentava atravessar a fronteira lá de Foz do Iguaçu com o carro afanado".

Meu marido. Carro roubado. Preso. Na fronteira. Paraguai! – gritei, imaginando um bando de índios mal encarados a olhar para o louríssimo Afonso cheios de segundas, terceiras e até quartas intenções... E aí faltou-me o ar. Sem poder respirar por conta do pânico, nu como estava, levantei da cama, corri até a janela e a abri no instante exato em que um raio atingiu em cheio a árvore em frente à hospedaria. E a brancura do seu clarão espaventoso apagou a luz dos meus olhos.

"Não estou vendo nada!" – gritei. – "Fiquei cego!"

Paquito veio até a janela e de um pulo a fechou. Depois mandou que eu ficasse ali mesmo e então, após uma pausa aflita, senti sobre meus olhos a umidade da toalha que ele fora molhar no banheiro enquanto falava comigo do modo mais carinhoso possível – "calma, muita calma, foi o pânico" e eu, de novo aos gritos, "não, foi a porra do raio, a luz cegou meu olhos, me leva para o pronto socorro agora mesmo" e ele, "se for no hospital contigo terei que mostrar meus documentos e como não tenho nenhum eu é que serei preso" e eu, "então o que a gente faz, me diz... Eu fico cego?" E ele, "não, eu te ajudo a se vestir e te levo pra casa de Débora, lá a rainha dá um jeito". E assim o fez, com gestos rápidos e precisos de quem já fora guia de cego algum dia.

Agora tentem vocês imaginar aquilo por que eu passei na próxima meia hora: guiado pelas mãos de Paquito atravessei ruas e ruas com água até a cintura enquanto a chuva continuava a cair, os raios a estralejar, os trovões a ribombar, os carros e ônibus com motoristas e passageiros dentro deles a buzinar, as pessoas que passavam por nós sem que eu as enxergasse a gritar "é o dilúvio, o fim do mundo" e eu sem saber onde é que estava até que Paquito falou: "cuidado com os degraus" e meus pés reconheceram o lugar onde eles pisavam, pois era sempre pra lá que eles me levavam quando me via nas situações mais aflitivas, sim, a *yellow brick road* - a escada rumo à torre do castelo encantado da rainha sifilítica... A casa de Débora!

Sem a menor dúvida sobre a urgência de nossa visita, Vera Regina, a peniqueira da raínha, antes mesmo de bater, abriu a porta do quarto de Débora. E lá estava ela deitada em sua cama completamente nua enquanto um soldado da polícia militar, devidamente fardado, fazia nela aquilo que, com alguma boa vontade, se poderia chamar de "massagem". Assim flagrado ele fez menção de interromper o trabalho. Porém Débora o impediu com um grito que era uma ordem – "continua!" E ele obedeceu.

Enquanto o soldado cumpria com o maior empenho sua tarefa a rainha voltou-se para nós e disparou: "que merda é essa, como se atrevem a invadir meu quarto quando estou exercendo meu direito à privacidade, o que vieram fazer aqui?" Paquito apressou-se a responder: "é uma urgência!" E eu completei no maior desespero: "fiquei cega, não estou exergando nada!" Depois de me considerar alguns segundos com seus olhos frios, Débora reagiu: "não está, nem pode. Como é que alguém vai enxergar de olhos fechados?" E só então me dei conta de que fechara os olhos quando o raio ziguezagueou no ar a apenas alguns metros do meu rosto e não os abrira mais até aquele exato instante em que Débora, ao mesmo tempo em que afastava o soldado com um safanão e sentava na cama, gritava pra mim: "abre a porra desses olhos e vê se deixa de ser fresca, veado!".

Obedeci e – Santa Débora de todos os milagres! – a luz se fez de novo, pois nunca deixara de enxergar, apenas mantivera os olhos cerrados durante aquele tempo todo.

Paquito, exaurido depois de bancar o guia de cedo e me levar pelas ruas sob a chuva torrencial e com água até o pescoço, ao ver meu problema de cegueira resolvido caiu sentado no chão e adormeceu no mesmo instante. O soldado, cumprida sua missão de massagear as intimidades da rainha, esgueirou-se e sumiu pela porta que a peniqueira mor Vera Regina, depois de murmurar um irônico "dá licença", fechou atrás de si.

Débora pegou um robe de seda chinesa já meio desbotado que estava sobre a cama e o vestiu. E eu cheguei a abrir a boca pra dizer o que tinha me levado ao desespero e à ousadia de invadir seu quarto, mas ela se antecipou: "ficou assim por causa daquela merda que aconteceu com seu marido, não foi?" Eu reagi: "você já sabia?" E ela: "tem alguma acontecendo na porra desse mundo que eu não sei? Fez besteira e foi preso, a essa altura deve ter servido de prato principal, sobremesa e cafezinho para uma fileira de carcereiros e presos paraguaios e o melhor que você faz/Mas eu a interrompi com um grito de desespero: "mesmo que ele venha enlatado em pedaços quero Adolfo de volta, Débora, pelo amor de Deus!"

Débora me considerou por alguns instantes. E depois, sem sequer olhar para ele, ordenou que Paquito "acordasse, levantasse, saísse e fechasse a porra da porta". O espanhol obedeceu e ela, sempre a me olhar, mas agora como se me visse pela primeira vez, murmurou entredentes: "não me diga que se apaixonou pelo Catarina". Respondi com uma voz trêmula de menina tímida, que sim. E então ela veio até a mim, me acolheu em seus braços, beijou meus cabelos e me disse: "o amor é um país estranho, meu bem. A partir do instante em que você cruza aquela fronteira ajardinada e entra naquela capoeira está fodido e aí só tem uma saída. É atravessar aquele lugar esquisito todinho. Passar pelos pântanos, desertos, florestas, se jogar nas cachoeiras e abismos até chegar no cu do mundo onde a porra daquela terra acaba. E aí, se tiver muita sorte, cruzar a fronteira de novo e finalmente fugir de lá. Mas, preste atenção: essa é uma das jornadas que transformam: já ouviu falar delas? Depois dessa longa peregrinação pelo tal país estranho você nunca mais será *você* de novo, terá virado outra pessoa".

Ainda meio tonto eu lhe perguntei: "você já se apaixonou alguma vez?" Débora me encarou por alguns instantes, pareceu hesitar, mas afinal respondeu: "não, porque não pude perder tempo com besteiras. Passei a vida toda ocupada, resolvendo problemas de um bando de idiotas, ou seja: de vocês todos. Não é isso que faz uma rainha – resolve os problemas dos súditos e esquece dos seus?" Lembrei de Elizabeth I da Inglaterra: ela viveu tão ocupada que nem sequer casou, embora, ao contrário do que conta a lenda, não tenha se mantido virgem – Respondi a Debora que sim, era só com o bem estar dos suditos que as grandes rainhas da história se preocupavam. E ela concordou e prosseguiu: "pois então? Você é minha súdita, me trouxe seu problema e sua rainha já vai tratar de resolvê-lo. Se quer seu marido de volta precisa contratar um advogado. E eles costumam cobrar uma grana preta. Você tem algum dinheiro?"

Pensei nos últimos mirréis que ainda guardava debaixo do colchão e lhe disse: "quase nenhum". E ela prosseguiu: "advogado que trabalha de graça é uma raridade... Mas eu conheço um, é claro. O único problema é que ele vai querer pegar nos seus peitinhos. Mas isso você tira de letra, não é? Olhei para os meus peitinhos mirrados e lhe respondi que sim. E ela, já sacando de sua agenda telefônica concluiu: "vou marcar pra você uma consulta com o doutor Macedo".

O advogado conhecido como doutor Macedo era um sujeito do tipo machão empedernido ao qual não faltava nem mesmo um cavanhaque e um farto bigode que, embora já começando a ficar grisalho, continuava portentoso. Não era alto, mas era imponente. Não era forte, mas era massudo ou melhor ainda: era sólido. Usava óculos de aro de tartaruga e fumava tantos cigarros mata-ratos que tinha manchas indeléveis de nicotina nos dedos. Para resumir, era um homem de verdade, desses cuja simples presença torna qualquer ambiente bem mais seguro. Porém, embora fosse tratado como *senhor* ou *cavalheiro* por todo mundo que o conhecia, até pelos juízes do Foro, na verdade seu sobrenome era Macedo sim, mas seu primeiro nome era Janete. Pois, embora não parecesse, na verdade o doutor Macedo era uma mulher, como dizia Débora, *uma verdadeira, daquelas que têm xota e menstruam.*

Claro, qualquer um podia conviver com ele durante anos sem perceber esse detalhe. E mesmo quando o próprio dr. Macedo lhes confirmasse seu verdadeiro gênero, por conta de sua absoluta e natural masculinidade, todos demorariam muito a acreditar. Pois dr. Macedo era tudo que parecia, inclusive no gosto obsessivo por mulheres de peitos enormes. Já vivera com várias e outras tantas eventualmente levara para a cama. Sempre havia uma sequiosa fileira delas a assediá-lo, loucas para provar do seu veneno. E todas, absolutamente todas se apaixonavam por ele e proclamavam cheias de desejo e nostalgia sempre que perguntadas sobre o desempenho de Janete Macedo na cama: "aquilo sim, que era homem!".

Até que um dia o advogado Macedo, que como todo macho empedernido não era dado a frescuras de paixão, se apaixonou... Mas não por uma das mulheres que cruzaram o seu caminho e sim por um homem de grandes tetas – um travesti que atendia pelo mimoso nome de Jacqueline du Bois. Tão apaixonado ficou o dr. Macedo pela traveca, a quem chamava carinhosamente de Jaquita, que casou com ele. Não no papel, que isso naquela época não era permitido, mas na vida. E continuou assim apaixonado até morrer de congestão muitos anos depois – meia hora após consumir um lauto cozido que a hoje viúva então amorosamente lhe preparara.

"Desde que conheceu a Jaquita o dr. Macedo não passou uma única noite sem dormir ao lado dela" - me disse a já caquética Observadora na porta do cinema Odeon no nosso único e casual reencontro vinte anos depois que botei meu rabo entre as pernas e abandonei o que ainda restava da minha Lapa.

Sobre as razões deste evento – minha fuga da Lapa já então semi-destruida – falarei mais adiante. Mas agora, deixem-me estar aqui, diante do dr. Macedo, que antes foi alertado sobre a minha visita pela incansável Débora e que, enquanto lhe falo sobre o meu problema, olha com alguma decepção para os meus peitos. Pois acabou de constatar que eles, por debaixo da blusinha que uso, são iguais aos de qualquer outro homem. "Nunca tomou hormônios?" – ele perguntará a certa altura. Eu, discreto, responderei: "apenas um pouco". E ele: "é uma pena, pois tem peitos de pomba. O que significa que, se tomasse algumas cartelas de Lindiol eles ficariam enormes".

Nem perdi tempo perguntando o que seriam os tais peitos de pomba, pois só estava ali para convencer o dr. Macedo a trabalhar pela libertação de Adolfo, mas *pro bono*, quer dizer: sem cobrar emolumentos. Foi nisso que me concentrei. Para atingir este meu objetivo, evitei sair em algum momento do papel de cliente diante do advogado. Mas quando, em meio à minha peroração, o doutor Macedo me interrompeu outra vez e me perguntou se podia mostrá-los ("o quê?" – perguntei com genuína inocência. E ele, sem sequer pestanejar: "os peitos") eu percebi que havia um atalho no meio do caminho pelo qual seguia e aí não hesitei: levantei a blusinha com mais pudor do que haveria nos tímidos gestos de uma adolescente virgem e os mostrei. "Posso pegar neles?" – me peguntou Janete Macedo com sua voz de barítono ligeiramente trêmula. E eu lhe disse que sim, claro que podia... "Mas apenas um pouco, pois os meus peitinhos andam muito sensíveis".

Foi só eu dizer isso e já vi aqueles dedos gordos voarem na direção dos meus peitos como se fossem pássaros carnívoros. E seus bicos me tocaram com o mais suave dos toques, ou como se teclassem nos meus peitos o *adágio sostenuto* de Rachmaninof... Até que Macedo deu-se por satifeito. Com um longo e *tremoloso* suspiro retirou suas garras, reassumiu a função de advogado e proclamou:

"Não se preocupe, meu bem. Viajo amanhã para Foz de Iguaçu e quando voltar trago comigo o seu querido". Ao que eu, incentivado pelo suave toque dos seus dedos nos meus peitinhos, arrematei: "tudo bem. Mas eu vou consigo". E ele encerrou a conversa deixando bem claro que nossa relação tinha limites que, mesmo tendo ele tocado o *adágio sostenuto* nos meus peitos, não iriam ultrapassar a distância entre cliente e advogado, embora este último fosse dado a apalpar os peitos do primeiro: "até pode ir. Mas se pensa que também vou bancar suas despesas está muito enganado".

Uma hora após sair do escritório do dr. Macedo constatei que meu dinheiro escondido debaixo do colchão não daria para mais do que um dia na estrada... Porque sim, iríamos de ônibus. O que faria então para manter minha decisão de seguir viagem? Pedir um empréstimo a Débora estava fora de questão – ela me negaria o dinheiro e ainda por cima me daria o maior esporro. "O que faço pra conseguir grana?" – perguntei ao atento Paquito naquela noite enquanto tomávamos um Ovomaltine na Leiteria Brasil. E ele respondeu que eu não precisava fazer nada: "eu te empresto, desde que depois você me pague". Nem lhe perguntei de onde sairia o dinheiro. Apenas o recebi de suas mãos depois que ele foi buscá-lo em algum muquifo seguro e o levei para o dr. Macedo, que tratou de comprar minha passagem.

Eu podia aproveitar essa ocasião para falar dos lugares pelos quais passei de ônibus e do fato de que o Sul do Brasil, comparado com o restante do país, já naquela época era um verdadeiro oásis. Mas isso apenas serviria para atrasar aquele momento pelo qual vocês estão esperando desde que iniciei este relato – o reencontro com meu amante preso e, na minha imaginação fértil, várias vezes violentado. Por isso passemos por cima dos detalhes, digamos assim, turísticos da viagem.

Lembrem-se: no longo tunel do tempo que ainda é minha vida neste momento da narrativa estamos em março de 1969. Naquela época a cidade paraguaia hoje conhecida como Ciudad del Leste se chamava Presidente Stroessner em homenagem ao ditador que foi deposto em 1989. E as estradas brasileiras não eram como essas de agora – eram bem melhores. Além disso havia menos trânsito. Assim, levamos vinte e uma horas para descer em Foz do Iguaçu, na fronteira do Brasil com o Paraguai, onde ficamos hospedados. Chegamos lá de madrugada, fomos para o hotel que o dr. Macedo havia reservado – ficamos em quartos separados – e ele nem dormiu: só esperou amanhecer para ir à delegacia no lado paraguaio. Mas não deixou que eu fosse com ele, pois, deixou bem claro, "tudo se tornaria mais difícil se os paraguaios descobrissem que Adolfo tinha algum tipo de ligação com um veado pintoso".

Assim, para combater minha ansiedade, depois que ele saiu dei primeiro uma volta pela cidade, que se limitava a uma avenida e meia dúzias de ruas asfaltadas, todas invadidas por aquela maldita terra avermelhada que também acabava por nos cobrir a todos. E quando o calor tornou-se insuportável, tratei de me refrescar, na cobertura do hotel, numa piscina de águas que deviam ser azuis mas não eram – porque também tinham sido invadidas pela terra e ficaram avermelhadas. Enquanto fazia tudo isso não parei de rezar para que o advogado voltasse logo com Adolfo. E minhas súplicas foram parcialmente atendidas, pois uma hora depois dr. Macedo voltou, mas sozinho. Ele disse que, graças a um arranjo entre as polícias paraguaia e brasileira Adolfo tinha sido transferido para o lado de cá onde continuaria preso. Mas pelo menos eu já poderia visitá-lo sem problemas de, falemos assim, preconceito, pois, as palavras são dele, "nessa questão da veadagem os brasileiros eram menos preconceituosos".

(Claro, eu devia passar por cima dos detalhes sórdidos e acabar com a ansiedade dos que me leem chegando o mais rápido possível ao meu encontro supostamente romântico com Adolfo. Mas tenho que relatar pelo menos um desses tais detalhes sórdidos. O dr. Macedo disse que

do lado brasileiro da fronteira não haveria preconceitos. E pelo menos quanto a mim não houve... Mas houve contra ele. Na delegacia de Foz do Iguaçu fomos atendidos por um tal comissario Schreider, cuja aparência era de quem pertencera à Gestapo de Hitler e chegara aqui com nome falso e passaporte de algum país suspeito. Ao ter nas mãos a carteira da Ordem dos Advogados do dr. Macedo e perceber que o nome dele era Janete o comissário Schreider perguntou:

"Janete. Seu nome é esse mesmo?"

O doutor Macedo confirmou e Schreider, agora desconfiado, tratou de ver com mais atenção os outros detalhes da carteira. E aí esbarrou na identificação do gênero, nela representado por uma bruta letra F de feminino. Na mesma hora voltou-se para um outro policial e falou:

"Temos aqui um caso de falsa identidade. Uma mulher que se diz homem... E ainda por cima advogado!"

E soltou a maior gargalhada, da qual logo se arrependeu, pois dr. Macedo arrebatou a carteira da Ordem de suas mãos e proclamou: "meu nome é Janete, sim.. Mas meu apelido é Fubá. Sabe por quê?" O comissário Schreider cometeu a ingenuidade de responder que não sabia. E aí dr. Macedo lhe explicou: "por que se você soprar eu espalho, caralho!"

E deu um tamanho escândalo, que em questão de segundos Schreider foi convidado a deixar o recinto pelo delegado-titular em pessoa, que veio ver o que estava acontecendo e nos levou ele próprio até o xadrez da delegacia e à cela. E ali, em meio a uma multidão de presos que perto de Adolfo pareciam pigmeus - mas da estirpe dos carnívoros, ou seja, dos que adoram uma bunda - eu finalmente eu me vi diante do meu homem.)

A primeira coisa que percebi, durante a conversa em que ficamos separados pelas grades sob a fria contemplação dos outros presos, foi o curativo em sua mão. "O que aconteceu?" – eu lhe perguntei. E ele respondeu do modo mais casual possível porém, mesmo assim, com visível tensão: "perdi um dedo". Nesse instante eu me senti a própria Marlene Dietrich diante de Gary Cooper em "Marrocos" - naquela época a gente ainda via esse tipo de filmes. E meus lábios, como os dela na cena, fremiram. Adolfo registrou esse detalhe. E para evitar uma reação minha que chamasse ainda mais a atenção dos que dividiam a cela com ele (ou seja, que eu tivesse um ataque, me rasgasse todo e desse o maior escândalo), tratou de explicar do modo mais suscinto possível o que lhe acontecera:

"Um paraguaio no xadrez do outro lado da fronteira, veio pra cima de mim, disse que estava a fim de comer minha bunda branca e eu lhe dei uns tapas na cara. Numa delas ele abocanhou meu dedo, deu uma tremenda de uma mordida e arrancou um pedaço, que depois tratou de cuspir na privada e dar descarga antes que eu pudesse pegar de volta".

"Foi por causa disso que os paraguaios entregaram ele à polícia brasileira" – me disse depois o dr. Macedo. Pra não ter o trabalho extra de levá-lo ao hospital e dar explicações aos médicos sobre o que acontecera com o dedo dele. Só não lhe contei isso antes porque não sabia como você ia reagir diante de mais esse episódio dramático".

E agora vocês perguntarão como foi que eu reagi, além de permitir que, tal como os de Marlene Dietrich em "Marrocos", os meus lábios fremissem ao ouvir Adolfo contar como tinha perdido um dedo. Mas antes de responder, finalmente preciso dizer aos que me leem quem sou eu e como foi que vim parar bem no meio dessa história de horror que - embora pareça um produto da minha imaginação desvairada - é de A a Z, sem esquecermos o Dabliú e o Ypissilone, absolutamente verdadeira.

Comecei muito cedo esta minha relação com o lado marginal da vida sobre o qual escrevo com tanta intimidade. Ou, trocando, em miúdos, sempre gostei deses ambientes, digamos assim, mais noturnos. Também fui precoce na profissão de escritor, pois é isso que sou. Tive meu primeiro livro publicado aos dezesseis anos. Virei o que a mídia chamava naquela época de "um fenômeno literário". Recebi até um convite para trabalhar na então famosa revista Manchete, no Rio de Janeiro. Mas não aceitei, pois achei que era cedo e também porque fiquei com muito medo do seu proprietário, um judeu chamado Adolfo Bloch: estar diante dele para mim foi o equivalente a me ver diante do próprio Moisés, *alive and well*, cinco mil anos depois dele ter atravessado o mar Vermelho com seu povo.

Logo depois de dizer um não peremptório a Jeová – quer dizer, Moisés, ou melhor, Adolfo Bloch, recebi outro convite de um jornal bem mais modesto que a revista Manchete chamado Última Hora do Nordeste, lá no Recife onde morava. E nele me tornei repórter especializado em escrever sobre fatos da vida, aliás, bem mais amenos do que estes que relato agora.

Tratava-se de um auto-proclamado jornal de esquerda, que teve uma vida breve. No dia 31 de março de 1964 foi invadido pelos militares e teve suas instalações destruídas. E todos os que lá trabalhavam tiveram que fugir da cidade e se espalhar pelo mundo feito um bando de ratos para não ser caçados, presos ou, como virou moda naquela estação, torturados, o que às vezes significava desfilar para a tropa nu e com um cabo de vassoura enfiado no rabo.

Como a maioria dos jornalistas da Última hora, não vi outra saída: mesmo sem ter um profeta de longas barbas que me guiasse pelo deserto com aquela voz tronituante do ator Charlton Heston, pratiquei o sofrido exercício do êxodo e assim caí na estrada. E – nem me perguntem como – vim parar nesta cidade onde hoje os ladrões de colarinho branco costumam agir *full time*: o Rio de Janeiro. Aqui arranjei emprego em outro jornal, agora de direita, pois nas circunstâncias daquela época era mais garantido. E teria até estabilizado minha vida, não fosse o fato de que, com apenas vinte anos, li as obras completas de Dostoeivsky de cabo e rabo e depois tudo que o escritor Jean Genet escreveu ou que foi escrito sobre ele. E claro, depois disso mergulhei no mais absoluto estado de trevas ou seja: fiquei doido varrido.

Minha loucura manifestou-se de um modo muito específico: Jean Genet era ladrão e talvez um assassino cujos escritos geniais foram descobertos quando ele ainda estava preso. E eu, na minha loucura, queria ser um Jean Genet caboclo. Idiota que fui, deixei de lado minhas boas relações com as editoras, os críticos e outros escritores, além da minha carreira no jornalismo. Larguei tudo e me mudei para a Lapa boêmia onde travei conhecimento e privei da intimidade do baixo mundo. E nele passei a conviver com a mais ativa – porém, na cama às vezes passiva - malandragem.

Não que me arrependa disso. Mais de cinquenta anos depois posso dizer que não seria quem hoje sou se não tivesse bebido das águas sempre poluidas da antiga Lapa. Lá é que aprendi quase tudo, inclusive a ser esperto e safo como sou até agora. Lá também conheci muitos dos meus personagens, com destaque para essa divindade chamada Débora, que já usei em livros e telenovelas disfarçada de outras personagens. Por exemplo: Nazaré Tedesco, a vilã da novela Senhora do Destino, vocês acham que saiu de onde? Do lado desumano da humaníssima Débora. Desse meu mergulho na profundidade das trevas. Da minha experiência viva no mundo dos quase mortos, mas dispostos a se levantar dos seus caixões de defuntos, como os vampiros das histórias, passear por aí vivos e alertas sempre que anoitece.

Eu achava que, para escrever sobre aquelas criaturas das trevas com toda a verdade possível precisava ser como eles. Mas o fato é que, embora tenha sido aceito por todos aqueles fins de carreira que na época povoavam a Lapa, nunca fui inteiramente um deles. Estava lá sim, mas para testemunhar; para preencher de histórias e personagens os meus arquivos. E, por mais que tentasse disfarçar, eles eram bastante espertos para perceber isso. Mesmo assim tinham a gentileza de guardar para si o que sabiam a meu respeito e eram calorosos comigo.

Agora, depois de informar quem sou, já posso lhes dizer o codinome pelo qual a raínha Débora me chamava: para ela eu era a *Escritora.* Aquele que um dia iria transformá-la num personagem. Não que ela jamais tenha me cobrado tal coisa, ou que eu lhe tenha dito que faria dela essa criatura fascinante que aparece neste e em outros meus escritos. Mas nós tínhamos um pacto não revelado. E isso nos dava absoluta certeza que sim, eu seria seu retratista.

Também não era pelo fato de algum dia vir a ser o cronista do seu reino que Débora se comportava diante de mim como se fosse um personagem maior que a vida. Mas sim, porque ela era isso mesmo – uma daquelas figuras com quem a gente convive e depois, mesmo que nunca mais a vejamos, se torna inesquecível. Tanto que mais de meio século depois, se fechar os olhos agora, posso vê-la diante de mim tal como ficou na minha memória depois daquele voo do qual ela nunca mais voltou: simplesmente pulou pela janela do terceiro andar, caiu de pé no asfalto lá embaixo e firme e decidida, sob nossos olhares incrédulos e sem olhar para trás, foi embora... E sequer deu um último adeus até sumir na esquina.

A outra verdade é que, se a Lapa sabia que *Escritora* não era um dos seus, no meu lugar mais secreto - o coração - eu também sabia a mesma coisa: por mais que me esforçasse para ser como aquelas criaturas era apenas um curioso que estava só de passagem no ambiente delas. Um dia iria embora e levaria na memória tudo de que precisava dali – suas figuras, lendas e histórias mesmo mentirosas, para depois poder recontá-las como faço agora. Breve seriam apenas lembranças. E até Adolfo, a quem eu jurava amar – e naquele momento realmente amava – agora é só uma parte delas.

"No que você está pensando?" – Adolfo perguntou, depois de me contar como perdeu o dedo e após alguns instantes sem ouvir de mim uma só palavra. "Não dá pra continuar desse jeito": era nisso que estava pensando enquanto olhava seu rosto no qual ainda se viam resquícios de uma perdida inocência. Mas não podia lhe dizer isso: que estava cansado da nossa vida, que tinha vontade de lhe dar as costas e ir embora - não naquele momento em que ele dependia de mim para sair do horror no qual a vida o mergulhara.

E foi o doutor Macedo quem impediu que lhe desse uma resposta sincera. Enquanto conversava com Adolfo ele se colocara discretamente à distância. Porém mesmo sem ouvir nosso diálogo, puta velha que era, percebeu pela minha expressão sobre o que falávamos e a que conclusões sobre nossa vida eu estava chegando por isso interveio: "enquanto vocês estão aí de conversa o tempo está passando" – ele falou já se aproximando: "e eu preciso fechar um acordo com a polícia de Foz que permita a transferência de Adolfo para o Rio de Janeiro".

O doutor Janete Macedo, aquela senhora de cavanhaque e fartos bigodes que muitos juravam ser um homem, era capaz de tudo. Tive certeza disso em outras ocasiões em que precisei dos seus serviços antes de sumir da

Lapa. Mas dessa vez ele tinha que enfrentar um sério adversário: era o cana dura corrupto Mateus Romeiro. Anos depois, quando já cumprira pena por alguns dos homicídios que cometeu – mas não pela morte de Adolfo -, ele próprio morreria durante um verdadeiro duelo ao sol no qual tombou crivado com vinte tiros no centro do Rio de Janeiro. Quem o matou nunca se soube. Do que se soube mesmo - e foi repetido por todas as bocas - é que Mateus Romeiro teve o que merecia no tiroteio, ou seja: a morte violenta com que premiava suas vítimas.

Mas isso foi muitos anos depois, como eu já disse. Naquele momento em que conversava com Adolfo, os dois separados pelas grades da prisão e sob a discreta vigilância do dr. Macedo, Mateus Romeiro estava vivo e bem - e era muito perigoso. O advogado sabia que era impossível transferir meu amante para o Rio sem revelar à polícia de Foz detalhes sobre o esquema de corrupção que diariamente permitia os carros roubados no Rio de Janeiro atravessar a fronteira e entrar no Paraguai sem problemas. E este esquema incluía policiais do lado brasileiro, inclusive locais, que levavam sua fatia na hora de dividir o bolo.

No que Adolfo resolvesse *dedurar* quem o contratava, teria que dar nomes até chegar àquele que comandava tudo - e vocês já sabem de quem estou falando. Se confirmasse a participação de Mateus Romeiro nesse esquema seria um homem morto quando chegasse ao Rio de Janeiro. E se ficasse onde estava, quando a notícia sobre a tentativa de acordo do dr. Macedo chegasse lá, mesmo preso em Foz também não sobreviveria a isso. As opções, portanto, pareciam ser entre a pior e a pior. "E – disse Macedo com uma objetividade rara em advogados – juntos vocês vão ter que escolher entre uma e outra... E devem fazer isso agora mesmo".

Ainda pensei em outra alternativa: se Adolfo calasse o bico e ficasse em Foz até o advogado descobrir outro jeito de resgatá-lo dali, talvez Mateus Romeiro o deixasse em paz e o esquecesse. Mas antes que falasse sobre isso Adolfo se antecipou: disse que, se tivesse que denunciar alguém pra sair já daquele inferno, nem pensaria duas vezes – entregaria até a mãe dele. Macedo pediu que repetisse isso três vezes de formas diferentes e ele assim o fez. E o advogado encerrou a conversa sem me ouvir, pois para ele o assunto já estava decidido. "Vou agora mesmo comunicar ao comissário Schreider que o preso está a fim de abrir o bico".

Depois que Macedo saiu para cumprir seu dever de advogado eu e Adolfo, sempre separados pelas grades, sem o menor pudor nos abraçamos, nos agarramos, nos beijamos... Enquanto os outros presos, no fundo da cela, ficaram a observar aquilo com a atenção de quem vê São Jerônimo consolar (ainda que inutilmente) o leão ferido. A tensão que nossa sessão de erotismo ao vivo provocava naqueles homens rudes e sequiosos era bem visível: ela ia do puro e simples desejo sensual até o instinto mais homicida possível. Alguns deles nos estraçalhariam se pudessem e outros nem tanto. Cheguei a pensar no que aconteceria a Adolfo se ele não saísse do xadrez conosco: no mínimo acabaria por perder mais algum dedo. Alheio aos demais, ele se mostrava cada vez mais inflamado e explícito em suas carícias e murmurava – "eu te amo, eu te amo". Embora não pudéssemos adivinhar, aquela seria a última vez que ele me diria isso.

Já estávamos quase chegando ao clímax, sem ligar para o que pudessem pensar – ou fazer – os outros prisioneiros. Mas o doutor Macedo nos interrompeu para comunicar que o acordo já estava feito: "Schreider quer ouvir o depoimento de Adolfo agora mesmo". O carcereiro, que veio com ele, tratou de abrir a cela. O advogado me pegou pelo braço e tratou de me levar dali. Antes de sair ainda me voltei para Adolfo e lhe disse: "vai dar tudo certo". Embora, de modo ainda difuso, já começasse a achar que não seria assim.

Muitos anos depois, numa entrevista que fiz com o ex-policial e ex-detento Mateus Romeiro para um jornal alternativo de muito sucesso, perguntei sobre Adolfo. Ele respondeu que não se lembrava de ninguém com esse nome. Eu lhe dei alguns detalhes: "um Catarina, louro, alto, muito bonito, levava carros roubados para o fronteira com o Paraguai, entregou o esquema todo, citou você como o sujeito que comandava tudo". Ele disse que tudo isso eram apenas boatos, "falsidades que inventavam a meu respeito. Muita gente queria me prejudicar porque eu era um policial competente e honesto."

Eu insisti: afinal ele tinha sido condenado por isso e também por vários homicídios, só que nunca se descobriu o que aconteceu com Adolfo, sabe-se apenas que ele foi enviado sob escolta de Foz do Iguaçu para o Rio de Janeiro e no meio do caminho teria fugido... E Mateus Romeiro: "se é o que dizem, se esta é a versão oficial do fato dada pela polícia, então é o que deve ter acontecido". Essa entrevista foi publicada naquela semana mesmo e dez dias depois Mateus Romeiro foi morto a tiros. Mas eu juro solenemente aqui e agora que, embora o desejasse, nunca tive nada a ver com isso... Nem se soube quem teve, pois a morte dele de forma tão violenta até hoje é um mistério.

Eu queria muito estar presente ao depoimento de Adolfo ao Comissário Schreider. Mas o dr. Macedo deixou bem claro que isso não seria possível. E talvez tenha sido por isso que até hoje estou aqui. Pois, se ouvisse tudo que meu amante falou sobre o esquema dos carros roubados teria me transformado num arquivo vivo. Já dr. Macedo não teria esse problema, pois os advogados guardam em sigilo absoluto tudo que escutam dos seus clientes e Adolfo naquele momento para ele era isso. Assim, ele me mandou voltar para o hotel e me preparar para a viagem de volta naquela mesma noite: "quanto sair daqui – ele disse – trato de comprar nossas passagens".

Só mais tarde, já dentro do ônibus no qual conseguimos embarcar no último instante, ele me contou por alto como fora o depoimento: Adolfo falara sobre o esquema de roubo e transporte de carros com todos os detalhes e dera vários nomes, inclusive, frisou dr. Macedo, o mais importante deles. "Qual ?" – perguntei. Ele não respondeu. Apenas olhou em volta, viu que o ônibus tinha todos os lugares ocupados e a partir daí permaneceu em silêncio.

A viagem de volta atrasou, pois o ônibus teve um problema mecânico e seus passageiros, levados para um posto de gasolina à beira da estrada, tiveram que esperar até que ele fosse substituído por outro. Àquela altura, com o dia amanhecendo, Adolfo, levado por uma escolta de policiais de Foz, já estaria a caminho do Rio de Janeiro conforme disse o dr. Macedo. E assim que chegássemos ao fim da nossa viagem ele providenciaria para que o visse de novo.

Mas, por causa da longa espera até que viesse o outro ônibus, só chegamos muito tarde ao nosso destino. Macedo, cansado como eu, sugeriu que fôssemos para nossas casas e dormíssemos. No dia seguinte, logo cedo ele descobriria para onde Adolfo fora levado e nós iríamos visitá-lo juntos.

Aceitei a sugestão dele. Cheguei em casa e desabei na cama. Porém, embora estivesse muito cansado, não dormi. Não só pela expectativa do segundo reencontro com Adolfo, mas também porque não parava de pensar no que sentira naquele instante em quê, depois que ele me contou como perdera uma parte do dedo, eu percebi que ali atigira meu limite e não queria consumir naquilo o resto da porra de minha vida.

Não que tivesse deixado de amar Adolfo – nossa exibição desavergonhada e explícita diante dos outros presos lá em Foz fora a prova disso. Mas agora sabia que já não me seria mais possível continuar com a pessoa que ele se tornaria quando perdesse de vez o que lhe restava de inocência. O problema é que, na situação difícil em que agora se encontrava, como eu faria para abandoná-lo sem que ele se sentisse traído?

Essa questão é que me tirou o sono. E assim vi o dia seguinte nascer sem sequer fechar os olhos. Depois de tomar banho e me aprontar saí de casa logo cedo e fui até o prédio no qual Macedo tinha escritório. O porteiro disse que ele não estava e eu fiquei na portaria esperando. Porém ele não chegou e não chegou e não chegou. E a certa altura um bolo começou a se formar na boca do meu estômago e eu pressenti que alguma coisa tinha dado errada e devia ser com Adolfo. Ainda tive que esperar mais duas horas plantado feito uma samambaia na porta do prédio até que Macedo apareceu e, depois que perguntei se já sabia para onde ele fora levado, respondeu que não, pois tudo ficara confuso. E explicou que, segundo a polícia, quando o carro que trazia Adolfo parou no meio de um congestionamento na Avenida Brasil, na entrada do Rio, ele conseguira abrir uma porta e, mesmo com algemas a lhe prender os pulsos, saíra correndo entre os carros e sumira no meio destes antes que conseguissem alcançá-lo.

"Claro que não acredito nisso" – o advogado acrescentou. "Mas os policiais já prestaram depoimento sobre a fuga do preso e a história que eles contaram virou a versão oficial do fato".

Já à beira do choro, mas ainda tentando controlar a emoção, perguntei o que ele achava que tinha realmente acontecido. O dr. Macedo suspirou fundo antes de responder: "aqueles policiais foram escolhidos para trazer o Adolfo porque também tinham o rabo preso nessa história dos carros roubados. Por isso o mataram no meio do caminho, pararam em algum lugar deserto na estrada e o enterraram". Ainda duvidei: "o doutor acha mesmo que foi isso? Ele confirmou: "não esqueça que estamos vivendo numa ditadura. Nos dias de hoje tudo é possível. E isso que deve ter acontecido com ele, nas circunstâncias atuais, é o de menos. Já ouvi histórias bem piores: pessoas que foram jogadas do avião em pleno voo, por exemplo". Ao ouvir isso eu baqueei. Mas Janete Macedo deu um passo adiante, me amparou com seus braços de homem, me ajudou a entrar no elevador e me levou – a essa altura em prantos – até seu escritório, onde me disse enquanto afagava os meus cabelos:

"Chore à vontade, meu bem. Mas depois vá tratar de sua vida e esqueça o Adolfo. Eu percebi lá no xadrez de Foz do Iguaçu que você, enquanto falava com ele, começou a pensar em fazer isso: foi ou não foi?" Balancei a cabeça confirmando e ele continuou: "pois então faça! Mesmo que Adolfo ainda estivesse vivo, não seria uma traição se o abandonasse. Agora então, que deve estar morto e dele nunca mais terá notícias... É o que deve fazer quando estiver estiver pronto. Aproveite e também deixe a Lapa, que aquilo lá não tem futuro. É só uma questão de tempo e tudo ali será destruído. As pessoas que vivem lá não têm saída. Terão que ficar até ser expulsas. Mas você tem sua profissão: é escritor, jornalista e não precisa passar por nada disso".

Durante algum tempo ainda chorei nos braços do dr. Macedo até que cheguei lá através de caminhos tortuosos – ou seja, concluí que já tinha chorado que bastasse. Mas enquanto o fiz, pensei no que poderiam ter sido as últimas hora de vida de Adolfo. O carro que o trazia com os policiais atravessara terras do Sul do Brasil suas conhecidas: um riacho onde ele podia ter se banhado, um morro atrás do qual vira o sol nascer em sua grandeza esplendorosa, um bosque de altos pinheiros onde sua voz de criança ecoara aflita no dia em que se perdera, uma menina de tranças a caminhar sob a luz da primavera... E essa luz, a luminosidade daquelas terras férteis, infindáveis, nas quais ele poderia ter vivido outra vida! Na última viagem pelos campos de sua infância, algemado e só - embora com meia duzia de policiais a vigiá-lo -, será que houve uma hora da verdade, o momento em que ele percebeu que estava se despedindo do mundo, pois nunca chegaria ao seu destino, pois este nunca existira? Solucei, quando pronunciei seu nome: "Adolfo"! Adeus, meu muito querido.

Horas depois, com os olhos ainda chorosos e a cabeça deitada no colo de Débora, contei a ela essa versão dos últimos instantes de Adolfo sobre a terra. Perguntei o que achava e nossa rainha respondeu: "você está certo. Ele deve ter pressentido que ia ser morto... E então ficou tranquilo e em paz. Deve ser assim que a gente fica quando percebe que não nos resta mais nada, nenhum esforço será suficiente, nosso tempo acabou e essa festa maluca que é a vida está terminando pra nós. Como se as luzes fossem se apagando uma a uma até não existir mais coisa nenhuma dentro da escuridão à nossa frente."

Não era por acaso que tanta gente vinha ouvir conselhos de Débora e lhe pedir consolo. Mesmo que ela desse os primeiros de uma forma que parecia confusa – talvez por causa das drogas que usava todo dia -, se depois a gente pensasse neles descobriria que sempre faziam sentido. "Você é uma pessoa boa, Débora", eu lhe disse depois de ouvi-la. Mas ela respondeu que pelo contrário, era uma pessoa má e ia me provar isso. E me contou a história que agora reproduzo, embora não da forma coloquial que então usou:

"Quando eu tinha quatorze anos um primo meu de dez anos, filho de pai rico que morava no interior, precisou vir pra capital estudar e acabou hospedado em nossa casa após acordo financeiro entre nossas famílias. Nós éramos muito pobres. E, em troca da hospedagem do meu primo o pai dele nos daria ajuda financeira. Mal o garoto chegou percebi o quanto eram diferentes as nossas vidas. Ele trouxe mais roupas do que precisava, sem falar nos sapatos, nas meias, naqueles badulaques todos... E ainda por cima tinha uma coisa com a qual eu nem ousava sonhar: brinquedos.

"O nome do meu primo era Edmilson. Do meu verdadeiro já não lembro - faz anos que não consulto a carteira de identidade para saber qual seria. Uma vez por mês meu tio vinha visitá-lo e pagar a hospedagem à nossa família e nunca falhava: a cada visita lhe trazia mais algum brinquedo, o que me deixava cada vez mais despeitado. Não que meu primo me proibisse de brincar com eles, pelo contrário. Ele sim, era o que você chama "uma boa pessoa". Por isso permitia que eu tivesse acesso a todos quando ele próprio não estava brincando. Mas isso – essa bondade dele - me deixava ainda mais despeitado. Pois ele podia se dar ao luxo de ser bom, já que tinha muito, enquanto eu não tinha merda nenhuma e – aprendi depois – precisava ser mau se quisesse ter na vida algum futuro.

"Os meses se passaram. Um dia meu tio trouxe de presente para o filho o mais maravilhoso de todos os brinquedos: um caminhão que, quando se dava corda nele, saía ziguezagueando e buzinando pela casa. Não preciso dizer que, apesar dos muitos brinquedos que tinha, este deixou meu primo fascinado. E a mim deixou mal, pois eu percebi que, toda vez que aquela maravilha desfilasse pela sala da nossa casa a buzinar, eu lembraria que minha familia era pobre e eu não tinha nada.

"Enquanto meu tio se reunia com minha mãe para fazer as contas das despesas mensais do seu filho em nossa casa, Edmílson continuou a curtir o brinquedo. E eu o observar aquilo cheio de ódio e despeito. Estávamos os dois assim quando o caminhão, numa de suas muitas voltas, desviou e, sob o olhar do meu primo, veio em minha direção como se me procurasse. E foi aí, quando ele chegou bem próximo, que o pisei com toda a força.

"Edmílson viu que fiz aquilo de propósito. E na hora soltou um grito terrível que, se fechar os olhos, posso escutar até hoje - e efetivamente escuto. Quando menos espero aquele grito vem lá do fundo da minha memória para me dizer que sou um sujeito mau, sou o infeliz possuidor de uma alma escura e agora sou Débora, uma criminosa que é capaz de tudo.

"Após ouvir aquele grito terrível de Edmilson minha mãe e meu tio vieram correndo e encontraram a criança que então ele era já no maior pranto. O caminhão jazia aos meus pés sem emitir nenhum sinal de vida como um animal de qual tivessem quebrado a espinha quebrada. A cena não deixava a menor dúvida: sim, fora eu quem fizera aquilo. Meu tio partiu para cima de mim já aos gritos: *"você pisou no brinquedo dele, foi isso?"* Eu ia tentar me defender. Mas Edmílson, sem parar de chorar, se antecipou e disse ao pai que não: eu estava de costas e só dera um passo para trás sem perceber que o caminhão vinha se aproximando. E, sempre em prantos, tantas vezes ele repetiu essa versão da história que minha mãe e meu tio acabaram acreditando no que ele dizia. E só então pegou o que restara do brinquedo e foi jogar no lixo. Meu primo sim, era uma pessoa boa. Por isso conseguiu sobrepor ao próprio sofrimento o seu desejo de evitar meu castigo.

"Depois disso eu e Edmilson continuamos a viver debaixo do mesmo teto como se nada tivesse acontecido. Mas desde então não se passa uma semana qualquer sem que, vindo do nada, ou melhor, do fundo da minha memória cheia de culpa e remorso, eu ouça aquele seu grito.

"Agora a senhora, que *também é uma pessoa boa, dona das melhores intenções* e está cheia de remorsos por causa do que nem chegou a fazer – virar as costas para Adolfo se ele ainda estivesse vivo -, vai tentar me defender dizendo que este meu conto sobre o caminhão é apenas uma história de crianças que depois cresceram e passaram a ter o chamado senso de justiça. Mas antes mesmo que comece a fazer isso eu vou lhe dizer que não. Ele é a história de uma criança que nasceu para ser má e nunca pensou duas vezes antes de demonstrar isso".

"Porém – ela disse enquanto afastava delicadamente minha cabeça do seu colo e tratava de se levantar -, filosofar não é o meu forte. E também não sou boa nesse negócio de consolar os aflitos e os que sofrem, embora muitos deles me procurem e peçam isso. Portanto... Se quer continuar chorando, tudo bem, é problema seu. Mas faça isso na sua casa. Vá pra lá, se tranque a sete chaves e cumpra sozinha o seu luto. E não se atreva a implorar pela piedade dos outros – deles só ouvirá falsidades. Agora, se quiser honrar a memória do seu homem de outro modo, dou uma sugestão: vamos fazer o que todo morto merece por mais vagabundo e ordinário que tenha sido em vida: um velório."

"Mas como vou velar o morto se nem sei onde foi parar o corpo dele?" Débora, como se já esperasse a pergunta, respondeu de bate-pronto: "o corpo é o de menos, meu bem. A essa hora já virou comida pros bichos. O importante é que a alma do morto estará presente ao velório. E ficará feliz quando perceber que a gente aproveitou sua morte pra festejar nossas vidas, já que ainda estamos aqui, tinindo".

E foi o que fizemos. Uma puta festa à qual compareceu a fina flor da malandragem e da putaria da Lapa, além de suas ditas divas e estrelas. O local escolhido para isso foi, é claro, o sobrado de Débora, que nos dias comuns funcionava não apenas como castelo da Rainha, mas também como o local onde suas súditas – mulheres e homens que fingiam sê-lo (e para isso chegavam ao preciosismo de ter até peitos) – praticavam o chamado golpe do suadouro.

Talvez seja preciso explicar aos meus inocentes leitores de agora como funcionava um 'suadouro', já que a atividade, outrora bastante popular, hoje parece caída em desuso. A casa de Débora — apelidada por suas 'funcionárias' de *casa de Irene,* por causa de uma canção italiana em voga na época — era oficialmente um prostíbulo, um bordel, um lupanar, um alcoice ou, em linguagem mais popular: um puteiro. Aqueles que lá trabalhavam realmente mantinham relações sexuais com seus clientes. Mas isso não era muito comum, pois o faziam apenas quando eles tivessem dinheiro bastante para que se pudesse roubar uma parte sem que os pobres diabos percebessem... A não ser quando já era tarde demais para reclamações posteriores.

Como isso era possível? Simples: o freguês, abordado na rua, era atraído para um dos quartos do sobrado e, através dos jogos de praxe, convencido a tirar a roupa, depois habilmente arrumada pela mulher — ou travesti — numa cadeira. Esta ficava perto de um guarda-roupa que, encostado à parede, tinha um fundo falso, através do qual alguém — geralmente a própria Vera Regina — entrava para examinar a carteira do cliente que, nos bolsos da roupa sobre a cadeira, ficava ao alcance de sua mão levíssima.

Toda essa operação passava despercebida do otário, que a essa altura já estava na cama, distraído pela mulher que o fisgara. O "suador", Se houvesse bastante dinheiro na carteira do "suado" tirava uma parte dele e a levava consigo através do fundo falso do guarda-roupa. E o otário ganhava o consolo de ter uma relação sexual completa, pela qual ainda pagaria, sem perceber que faltavam algumas notas na carteira — a não ser quando mexesse de novo no seu dinheiro já na rua.

No caso da segunda alternativa — o otário não ter dinheiro bastante para que se pudesse roubar algum sem que ele percebesse —, o "suador" colocava a carteira de novo no bolso dele, saía pelo fundo falso do guarda-roupa e ia imediatamente bater à porta do quarto, repetindo, com a impaciência de praxe, a senha que servia para interromper o golpe e a trepada: *Fulana, telefone pra você. Acho que é sua mãe e ela disse que é urgente!*

Ao ouvir isso a mulher ou o travesti imediatamente levantava da cama e, com toda a má vontade possível, despachava o freguês ainda de calça na mão, frisando que não precisava lhe pagar pelo que ele já tivera: "fica por conta da casa". Às vezes o homem se recusava a sair – estava bêbedo, excitado demais, ou era apenas a porra de um encrenqueiro. E então Vera Regina entrava em ação invadindo o quarto — nunca houve um só que não recuasse ante os gritos e as narinas frementes do guerreiro africano que nessas ocasiões baixava nele.

É lógico que os "suados" logo descobriam o golpe. Bastava parar num bar das proximidades e, livres da vigilância da mulher por quem tinham sido fisgados, contar melhor a grana que lhes restava. Alguns se conformavam — pois não era fácil assumir a condição de otário. Outros procuravam a polícia e chegavam a levá-la até a *casa de Irene,* mas não tinham como provar o roubo. A mulher que o enganara junto com Vera Regina geralmente se mostrava muito mais indignada com a acusação do que sua vítima com a evidência de ter sido roubada. E esta acabava se deixando tomar pela dúvida. *Tem certeza que não perdeu o dinheiro na rua?* Era a pergunta que os policiais acabavam por fazer ao pobre diabo, já de olho na gorjeta que Vera Regina lhes daria. Sua dúvida então crescia ainda mais. A partir daí as queixas se esvaíam, ele afinal desistia e a história se encerrava.

O golpe do suadouro, dessa forma artesanal e requintada como era praticado, exigia um esforço de precisão que os resultados dificilmente recompensavam. Mas havia um resultado maior, não material, que — este sim — dava muito prazer aos que o exerciam: aquelas mulheres e travestis enganavam os que lhes pagavam por seus favores sexuais. E assim fugiam da humilhação de ter que se vender, fonte de eternos problemas de consciência — quase nunca confessados — para os putos e as putas. Graças ao golpe eles se tornavam mais espertos que os clientes. Anulavam, com este ato de "suar", a inferioridade a que o dinheiro destes os relegava.

Por causa disso o ato sexual devia ser obrigatoriamente interrompido se o "suadouro" não fosse possível — só trepar e receber por isso era tarefa para putos e putas comuns, nunca para os orgulhosos golpistas. Fica evidente que tudo se fazia de modo muito precário, mas isso era proposital. O pessoal do 'suadouro' formava uma espécie de grupo fechado e se comportava, por exemplo, como certas tribos de ciganos que, com aquela esperteza canhestra, não fazem nenhum esforço para camuflar sua verdadeira natureza — vieram ao mundo para enganar os que não são de sua confraria.

Assim, o cliente em potencial se tornava mais interessante quando a mulher ou o travesti percebia que ele estava desconfiado de suas reais intenções. Nesse caso, atraí-lo e depois enganá-lo era uma questão de honra. O fracasso seria contabilizado como uma grande perda que só muitos ganhos posteriores compensariam.

Naquela noite da festa-velório pela morte de Adolfo a *casa de Irene* não funcionou. Seus muito quartos – na verdade divisões improvisadas de tabique - foram reservadas para o deleite dos seus convidados, pois, como bebida e drogas correriam soltas, é claro que seria preciso algum espaço para, que no decorrer das horas, os partipantes do evento pudessem descansar ou trepar à vontade. Para isso o assoalho de madeira foi lavado e encerado. As cortinas foram espancadas até que não sobrasse um único grão de poeira, micróbio ou vírus. E trocados todos os lençóis, o que a peniqueira Vera Regina não fazia há mais de duas semanas.

Todo mundo tratou de se enfeitar. Até Débora providenciou um vestido novo, azul-pavão com pedrarias e cauda digna de uma sereia, na verdade um presente de suas pupilas responsáveis pelo show da meia-noite e meia na boate Casanova. Ao fazer um breve discurso, no qual lembrou a figura de Adolfo, a quem chamou de "São Miguel redivivo com sua espada sempre em riste", ela ostentava um leque espanhol do século XVIII que Paquito roubara Deus sabe de onde para ofertar à sua rainha.

E vieram todos. O meu amigo de infância Francisco Carlos Alves de Sousa, o Chiquinho - que agora ostentava o nome mais pomposo de Daniela Bianchi -, veio com um Dior autêntico que ele mesmo costurara em sua cozinha nas madrugadas insones. Rogéria, ou Astolfinho, com sua peruca loura de Marilyn Monroe e aquela voz tronitruante de quem cantou *Je Ne regrette rien* desde criança. Elóina com seu eterno amor, que se chamava Carlinhos e também foi morto a tiros pelas mesmas razões do meu querido Adolfo. Li Ribanchera, *la cantante cubana,* que fora eleita pela unanimidade da Lapa "a bicha mais feia do mundo", com aquele seu andar de quem estava sempre prestes a dançar um mambo. Jane di Castro, a mais linda de todas, com seus olhos de corça perdida na floresta em chamas – uma verdadeira Bambi. Fabete Schiller, a quem chamavam de a Egípcia porque "costumava olhar de banda", quer dizer: de soslaio. Jacqueline de Bois com seu jeito de menininha ingênua e antes de casar com a mulher mais macho do mundo, meu advogado dr. Macedo. O próprio dr. Macedo, que ignorou todas os apelos de Débora para que viesse "de mulher" e veio tal como seria até morrer de congestão após comer o tal cozido – um homem como poucos.

Sim, vieram todas. Xana Summer, a *Deusa de Ébano* como ela mesmo se autoproclamava, que media dois metros e dez de altura da peruca à ponta dos saltos altíssimos. Jacqueline Dois, que depois adotou o sobrenome Sassard, porque parecia com uma atriz francesa dos dentes de cavalo. Shirley aquela-de-quem-não-me-lembro-o-sobrenome, que cantava com voz de soprano a ária da morte de Madame Butterfly e era ainda mais temperamental que Maria Callas quando tinha um daqueles seus famosos ataques. Guilhermina Peixe-Espada, que um dia foi mijar no banheiro da Leiteria Bol e nunca mas voltou - desapareceu misteriosamente: segundo a lenda, de tanto tomar doses cavalares de Lindiol para que lhe crescessem os peitos viajou tanto que foi aterrisar no planeta Mongo. E mais: Brigite de Búzios com seu nariz perfeito de quem nunca fez plástica. Fujika de Holliday, que na verdade se chamava Henrique, mas adotara o codinome japonês depois de casar com o comandante do navio Mara Maru, que era nipônico e oficialmente casado com uma moça peruana. Ed Imunda, que entre outras coisas me odiava e um dia conseguiu que a turma do Esquadrão da Morte, incluindo o pavoroso Mateus Romeiro, fosse bater à porta da minha casa – pelo que tive que fugir correndo de pijama sobre os telhados da Lapa. A Observadora, imóvel como se fosse um cadáver empalhado há séculos e já se desfazendo todo, posicionadada atrás de uma palmeira.

E outras e mais outras. Estavam todas lá - com seus vestidos e suas perucas e os cílios que eram verdadeiros abismos, além dos seios casualmente à mostra - exatamente como me aparecem agora, tão nítidas e tão vivas, nesta espécie de baile de máscaras que, como se fosse um sonho, transcorre na minha memória.

Por ordens de Débora o piano da boate Casanova fora levado para lá e ocupava grande parte da sala. E a concertista - que atuava sempre bêbeda, cujo nome eu nunca soube e que misturava Bach com jazz e sambalanço sem perder sequer uma nota -, invocada pela Rainha, a certa altura executou os primeiros acordes do Réquiem de Mozart. Ao ouvir aquele som dramático, pelo menos seis das convidadas, cheias do pó de vá-se-foder dos pés à raiz dos cabelos, caíram no chão convulsas. Paquito, metido num blazer branco de linho visivelmente roubado de algum veado milionário, fazia as vezes de garçon e capacho de Débora. A ala dos chamados bofes era formada por Catarinas, todos ex-colegas de Adolfo, PQDs, - paraquedistas dos quais pouco tempo depois brotaria para a glória o Alemão da Lapa -, além de soldados da Polícia Militar e garçons de todas as espeluncas que naquele dia estavam de folga.

Mulheres de verdade, como se fosse uma antecipação dos dias atuais, eram poucas, pois as trans é que comandavam. Dentre as primeiras quem pontificava era Twist, que bebia demais e logo se repetiria ao ser aquilo que graças ao bom Deus sempre foi: gloriosamente escandalosa. Sobre a cauda do piano jaziam várias coroas de flores, poucas mas sinceras, que seu Elias, um dos comerciantes da área, mandou não de boa vontade, mas por exigência de Débora, que ameaçara proibir as bichas do pedaço de fazer compras no armazém dele caso não homenageasse o morto.

Em defesa do comerciante devo dizer que, um ano depois desse evento, virei preso político e fiquei incomunicável na Ilha das Flores por 70 dias, Quando afinal me permitiram uma única visita e este encargo coube ao escritor Nataniel Dantas, este me levou um farnel providenciado pelo mesmo seu Elias, do qual constava uma coisa que eu nunca tinha comido antes: tâmaras sem caroço, que ele importava para consumo próprio do seu país Natal – o Líbano. Porém, após mais esta pausa explicativa, voltemos à vaca fria, ou seja, àquele evento que é a razão principal dessa narrativa.

A noite corria solta, o movimento nos quartos de tabique era interminável, embora nem todos que entravam lá fossem apenas retocar a maquilagem. A gritaria era enorme, garrafas vazias de cidra eram atirados pelas janelas e algumas atingiam os carros que passavam na rua, convidados discutiam e se atracavam, outros se queixavam do calor e tiravam a roupa e depois, completamente pelados, iam se refrescar lá fora na calçada... Tudo acontecia de acordo com o previsto, ou seja: da maneira mais desavergonhada. Tão desavergonhada que, a certa altura...

Bom, deixem que faça uma pausa para que possamos beber um copo dágua. A Lapa era o reduto mais boêmio da cidade, era um centro de todo tipo de comércio noturno, mas era também um bairro misto, no qual não moravam apenas fins de carreira como nós, mas, numa convivência bastante saudável, famílias de simples trabalhadores. Estas tinham seus próprios princípios, que em geral passavam ao largo dos nossos, embora todo mundo se respeitasse. Só que, naquele dia, o que deveria ter sido o velório de corpo ausente de Adolfo acabou virando a senhora mãe de todas as surubas, que começou nos quartos de tabique, porém, por excesso de lotação, desceu escada abaixo do sobrado e foi parar na rua. O barulho, a gritaria, a música num volume altíssimo, tudo bem – os vizinhos suportariam. Mas a deusa de ébano Xana Summer, nua como a natureza brilhantemente a esculpiu e com seu pau enorme a apontar para o infinito, sendo sodomizada em plena rua por Manoel, garçon do bar Amarelinho? Isso já foi demais para o espírito liberal dos nossos vizinhos e eles chamaram a polícia.

Claro que Débora, com um simples alçar de sombrancelhas, poderia ter evitado que se chegasse àquele ponto. Mas justo naquele dia ela resolvera usar aquele vestido se sereia com a cauda toda em pedrarias, ou seja, decidira que nem o céu seria o seu limite. E então bebera e tomara todas sem esquecer o remédio para epilepsia que a deixava ligada e a ranger os dentes durante sete dias. Por isso não percebeu que a festa – ou velório ou que merda fosse - saíra do seu controle, e muito menos onde aquilo chegaria. Em vão Paquito tentou alertá-la para o fato de que muitos convidados já tinham descido e ocupado a rua e que, bem, estavam exagerando no tom de voz, nas atitudes e no comportamento, que incluía a nudez não só frontal, mas de todos os ângulos possíveis. Depois de ouvir as ponderações do espanhol ela murmurou: “que se foda!” E nos braços de cinco soldados núbios da PM, deixou-se conduzir pela sala em triunfo.

O caos se instaurara e a suruba lá fora ultrapassara a esquina. A balbúrdia era tão grande que ninguém conseguiu ouvir o som das sirenes se aproximando. Assim, quando o bancário Alex, usando apenas um cuecão mijado porque o resto de sua roupa já se fora, gritou a frase que entre nós sempre provocava o estouro do boiada – *chegou a dona Justa!* - já era tarde. Dona Justa não era nem um pouco justa, pois era ninguém menos que a polícia. E ela veio em cinco carros de onde desceram dezenas de policiais já de armas em punho, dos quais metade partiu pra cima dos que estavam na maior putaria ali fora e outra metade subiu a escada do sobrado, menos um deles, com um capuz negro a lhe esconder o rosto e uma pistola calibre 45 nas mãos, que ficou ali fora.

Desculpem, não é para fazer suspense, mas preciso de outra pausa explicativa... Então lá vamos nós: quando o grito de Alex lá embaixo ecoou no salão da festa-velório eu acabara de ter uma espécie de epifania. Mas só pude processá-la melhor no outro dia, quando pudemos afinal separar os vivos dos mortos, pôr de novo no lugar as entranhas que tinham ficado à mostra e então as coisas se acalmaram. Aquele não era um velório de corpo ausente para meu finado e pranteado Adolfo. Era a minha festa de despedida da Lapa. Mesmo que ainda ficasse lá durante algum tempo e descesse de novo até o limiar das portas do inferno na companhia do já citado Alemão, eu estaria fora. Por isso via todos ali não como pessoas reais, mas sim como vultos que já pertenciam ao meu passado. Meus amigos e inimigos que lá estavam representavam para mim a última suruba, o derradeiro bacanal, a demonstração sincera de sua imorredoura solidadariedade após a qual todos se tornariam apenas fantasmas, mesmo que de carne, ossos, suor e sangue na minha memória.

Naquela época em que a liberdade fora oficialmente extinta através de um Ato - o de Número 5 - a polícia não ocupava locais como aquele apenas para saber o que estava acontecendo, mas sim, para meter a porrada em todo mundo, para prender e arrebentar e matar antes mesmo de se informar sobre qualquer assunto. Um dos invasores, com um porrete nas mãos mais duro e mais grosso que a piroca do saudoso e lendário michê português A Mala Rodrigues, avançou contra o piano e lhe deu uma cacetada tão tremenda que o instrumento, como se deixasse de resistir ao impacto dos acordes iniciais da Quinta Sinfonia de Beethoven, simplesmente rachou ao meio e se abriu em dois, fato que deixou a concertista, naquele momento e depois para o resto da sua vida, demente, muda e afinal internada no hospício. E, com as teclas do piano ainda a tocar uma melodia agora sem o menor sentido, foi esta a senha para que os policiais destruissem tudo.

A tropa avançou feito uma legião de hunos e, com as coronhas de suas armas e os cassetetes, não poupou nem todos nem tudo. Mais eu, grudado numa parede com o terror a me saltar dos olhos, fui ignorado, talvez para que me coubesse depois, como faço agora, bancar o cronista da miseria e relatar aquele horror todo. Um a um pessoas e objetos foram caindo sob os golpes até que do nosso lado restou apenas uma pessoa de pé: Débora! Postada ao lado da janela do terceiro andar daquele sobrado de pés altíssimos, irreprochável no seu vestido azul de pedrarias com rabo de sereia, sempre a encarar os agressores que faziam em torno dela um semicírculo, ela anunciou: "eu salto!". Ao que um dos policiais retrucou: "salta, veado, assim se esborracha lá embaixo e nos poupa do trabalho de ter que te dar uns tiros".

O que aconteceu a seguir foi muito rápido. Os polícias, sem nenhuma pressa, começaram a fechar o semicírculo e já estavam quase a alcançar a Rainha de todos nós, os fodidos da vida, quando ela pulou com seus saltos altos para o parapeito da janela e de lá se precipitou para o escuro. Eu e os que ainda restavam de pé do nosso lado, além dos policiais, corremos todos em direção à janela e assim pudemos apreciar aquele fenômeno que depois se tornaria lendário: nossa Monarca, como se fosse um pássaro cego e desnorteado, resvalou por entre os galhos de uma arvore, pairou durante um breve instante sobre os fios de alta tensão que corriam de um poste a outro e então, como a gaivota cansada, que chega de uma longa viagem mas não perde a leveza e a elegência, com a cauda de sereia do seu luxuoso vestido a lhe servir de leme, pousou suavemente lá embaixo.

E, apesar de nosss gritos de entusiasmo e deslumbramento lá em cima, atenção!... Que isso ainda não foi tudo. Sem jamais cair dos saltos, como se apenas fizesse uma tranquila caminhada para inspecionar os limites do seu território, Débora a nossa Rainha-Pássara, continuou a caminhar até dobrar a esquina, sem imaginar que a partir dali estaria condenada a voar e voar e voar, sempre que fosse convocada para mostrar com seu voo aos incrédulos e sem nenhuma esperança que nada na vida é impossível.

Débora escapou, graças ao seu voo inesquecível. Mas nós, os que participaram da festa e ainda estávamos vivos, fomos presos. Sob a mira das armas dos policiais descemos todos. Paquito, que se escondera atrás das ruínas do piano, foi o último. E - me contaram depois - quando os policiais o resgataram do esconderijo parecia muito assustado. Levando em conta as vezes em que fora preso por vadiagem ou pequenos delitos, isso pareceu esquisito, pois, para pessoas como ele, ir parar numa cela de delegacia era só uma questão de hábito. Mas, por conta do instante dramático que estávamos vivendo, os que notaram esse comportamento estranho de Paquito não o levaram em conta e isso poucos minutos depois se mostrou um erro.

Quanto a mim ainda o vi - pela última - vez antes de entrar no camburão da polícia junto com os outros. De repente ele escapou das mãos dos canas duras que o levavam e, visivelmente assustado, saiu correndo feito um louco. Foi nesse instante que o policial do capuz, que permanecera ali fora o tempo todo, apontou sua arma. E foi assim que Paquito, já prestes a dobrar a esquina e sumir de nossas vistas, levou seis tiros pelas costas e tombou morto ali mesmo.

A morte cruel e traiçoeira do espanhol Paquito Soarez Cortés, aquele que se dizia descendente direto do *el conquistador* Hernan Cortés, mas não passava de um pobre diabo que todos nós adorávamos, seria o fim ideal para essa história triste. Mas ainda preciso lhe acrescentar mais um adendo. No dia seguinte, depois de exercer suas artes de exímio advogado e assim conseguir soltar os que escaparam ao massacre mas tinham sido presos, dr. Macedo cochichou ao pé do meu ouvido o nome do policial embuçado que matara Paquito Cortés pelas costas: fora Mateus Romeiro.

(2020)

FIM